侘寂温泉

東日本編

魚谷祐介

辰巳出版

はじめに

高校1年生、15歳の夏休み。私は、その後の人生を大きく変えてしまうことになる冒険に出た。テントや寝袋を自転車に積み、野宿しながら北海道を旅するというものだ。30年前の北海道は、コンビニもまだほとんどなく、未舗装の道路が多く残り、大地はもっと野性的だった。きつい峠道に苦戦した、旅の初日の夜に入ったのが、『オンネトー湯の滝』の天然露天風呂だった。真っ暗な山の中、満天の星々は今にも降ってくるようで、湯に浸かりながら、大自然の美しさに大いに魅了された。

それから30年、日本全国を何周したかわからない。はじめの頃は、キャンプや野宿の旅をしながら、露天風呂や野湯などアウトドアの温泉に魅かれた。北海道や東北にはこういった秘湯が多く、本物の自然に触れつつ、地球の味わい方を学んだ。

今回、あらためて日本の温泉の魅力を深く追求したいと決心し、4年間滞在していたネパール・インドから久しぶりに帰国した。そして、２０１７年春に東京を発ち、２０１８年夏までの1年以上をかけて、車泊の旅をしながら、北海道から沖縄まで日本全国を巡った。全走行距離は2万５０００㎞を超え、１２０箇所以上の温泉を取材してきたが、現在の日本は、まるで違う国かというほどに変わってしまっていた。当たり前にあった昭和的なものは、日本中からほとんど消えていた。

だが、古い鄙びた温泉には、そういった昭和の名残がまだ残っていた。回転の速すぎる今の世の中で、時代の後端に押しやられたはずの古びた温泉。侘びしく寂しくも見えるその佇まいの奥底に、美しさへの直感や、忘れていた郷愁を見つけることがある。湯に浸かり目を閉じれば、自分はどこから来てどこへ行くのか、そんな根源的な問いが深まっていく。自分がこの世に生まれる前から湧き続け、去った後も流れ続けるだろう温泉。自然への畏れと永遠への憧れ、そして人間の営みに愛を込めて、それらを〝侘寂温泉〟と呼びたい。現代がより現代化するほど、〝侘寂温泉〟の魅力は一段と輝きを増していく。

本書では、今回の旅の中から厳選した〝侘寂温泉〟１００箇所を紹介している。「東日本編」「西日本編」に分け、実際の旅でも感覚的に使えるように、北、東から西、南の方向に順番に並べ、各50箇所を掲載した。東日本では、北海道と青森県はまさに温泉天国で、探せば奇跡的な味わいの古びた施設もまだ健在だ。東北は昔から秘湯の聖地だった。特に福島県や山形県の山間部に、美しい雄大な自然と鄙びた温泉が残っている。首都圏では房総半島が穴場だ。のどかな田舎の雰囲気がまだ残り、ゆったりとした時間が流れている。

時代の変化の速度は早く、施設の閉館や取り壊しなど、取材中にも悲しい状況を何度も味わった。また、取材後、この本の完成を待たずに閉業してしまったところも何軒かある。今後もそのスピードが緩むことはないだろう。平成すら終わろうとしている今、昭和は遙か遠くに消え去りつつある。

〝侘寂温泉〟は今がまさに旬であり、もしかしたら最後の旬かもしれない。本当の日本が残っているうちに味わっておきたい。

魚谷祐介

目次

侘寂温泉 所在地マップ
―東日本編―

北海道紋別郡 瀬戸瀬温泉

セトセ温泉ホテル

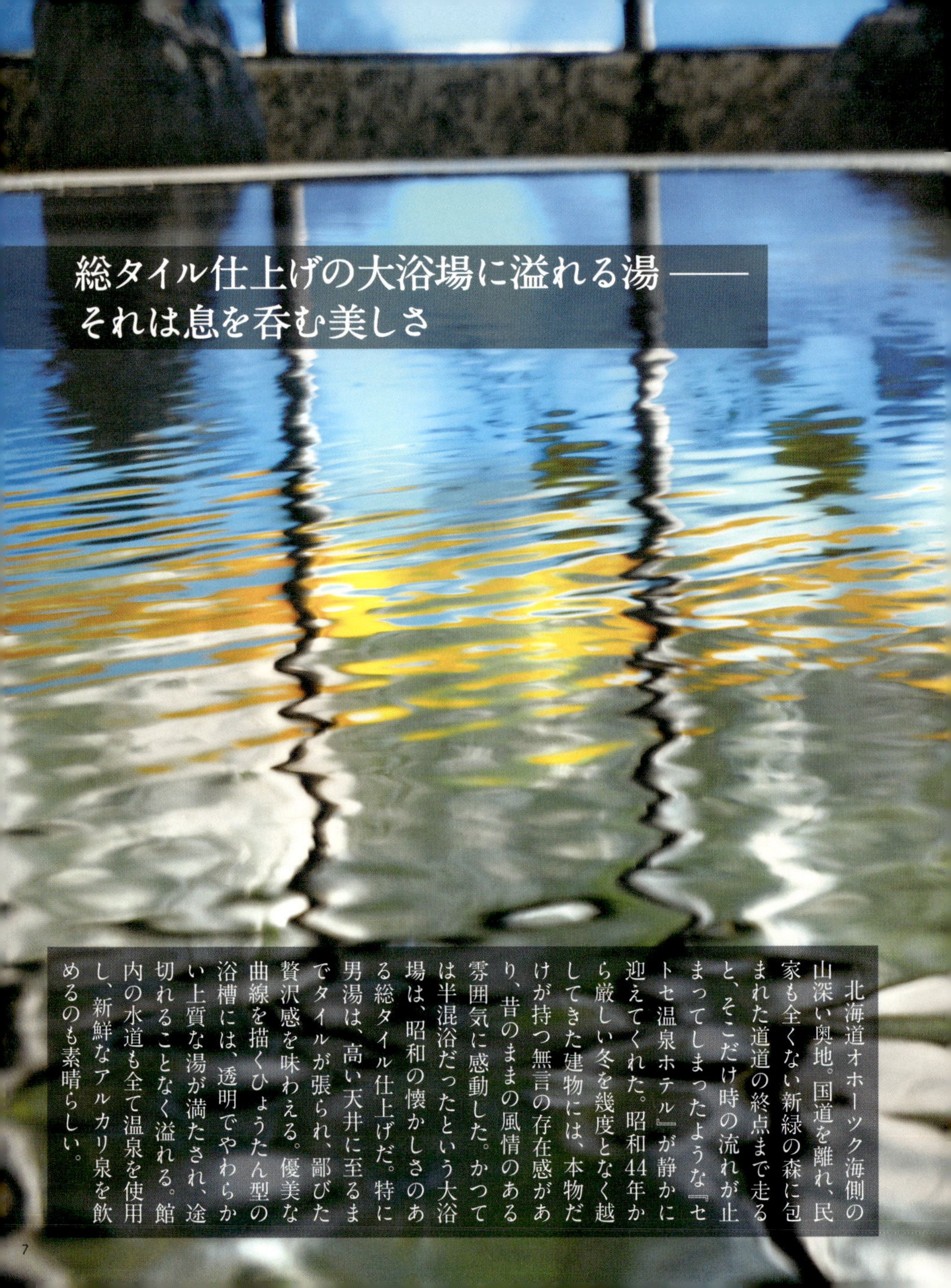

総タイル仕上げの大浴場に溢れる湯――それは息を呑む美しさ

北海道オホーツク海側の山深い奥地。国道を離れ、民家も全くない新緑の森に包まれた道道の終点まで走ると、そこだけ時の流れが止まってしまったような『セトセ温泉ホテル』が静かに迎えてくれた。昭和44年から厳しい冬を幾度となく越してきた建物には、本物だけが持つ無言の存在感があり、昔のままの風情のある雰囲気に感動した。かつては半混浴だったという大浴場は、昭和の懐かしさのある総タイル仕上げだ。特に男湯は、高い天井に至るまでタイルが張られ、鄙びた贅沢感を味わえる。優美な曲線を描くひょうたん型の浴槽には、透明でやわらかい上質な湯が満たされ、途切れることなく溢れる。館内の水道も全て温泉を使用し、新鮮なアルカリ泉を飲めるのも素晴らしい。

湯治スタイルの素泊まりで、今どき3千円台で宿泊できるのがありがたい。コンロやレンジ、食器なども自由に使える台所があるので、遠軽町のスーパーで食材などを買い出しして行くのがおすすめ。携帯電話は圏外、テレビも衛生放送のみと、現代においては逆に貴重で、極上の環境と言える。俗世から離れて、身も心も良質な湯で清められることだろう。

瀬戸瀬温泉 セトセ温泉ホテル

北海道紋別郡遠軽町湯の里
営業時間：8 時～ 20 時　定休日：水曜日
入浴料：350 円　宿泊料：3850 円（素泊）
※ 11 月～ 4 月は暖房費 1 室別途 500 円

北海道野村郡 野付温泉

浜乃湯

北の最果て感が漂う小さな港町。その冷たい風に鍛えられた廃墟風の露天風呂からは、冷たいモール泉が滔々と溢れ出し、内湯のほうまで流れ込んでいる。内湯には「あつ湯」と「ぬる湯」の2種類の源泉が豊富にかけ流され、交互に入ると身体の芯まで温まる。ウーロン茶のような茶色い湯に浸かっていると、寂れた雰囲気と潮風に、旅の醍醐味を感じる。

野付温泉 浜乃湯

北海道野村郡別海町尾岱沼港町 235-5
営業時間：14 時～22 時　定休日：火曜日
入浴料：440 円

北海道川上郡 川湯温泉

川湯公衆浴場

道東の有名な観光地として栄えてきた川湯温泉だが、今は通りを歩く観光客の姿もまばらで、観光ホテル街は閑散としていた。私が初めて訪れたのは30年近く前の、まだ賑やかな頃だった。その当時ですらかなり年季の入ったレトロな公衆浴場だと感じたものだが、今もそのまま同じ姿で営業してくれていた。

建物の外観と浴槽は文化遺産レベルの佇まいで、何も手を加えられていないのが素晴らしい。昭和33年の開業から、地元民に愛されてきた温泉は、冬の厳しさにも負けない力強い酸性泉。硫黄の匂いのする源泉は、舐めると酸っぱいが、胃腸によいそうだ。つぎはぎだらけのタイルも意図しないアートを感じさせ、泉質のよさとともにその雰囲気にも大いに癒やされる。

鄙びた本物の時代感
古き良き日本が残る公衆浴場

左側の熱めの源泉浴槽と、右側の地下水と混ざったぬるめの浴槽に交互に入る。このループが最高で止まらなくなる。鮮度が高く成分の濃さを感じさせる浴感と、鄙びた本物の時代感を同時に味わえる至福の公衆浴場だ。番台には気さくなおばちゃんが座り、入浴客とのやりとりもまた楽しい。この古き良き日本が残っているうちに、ぜひ訪れたい。

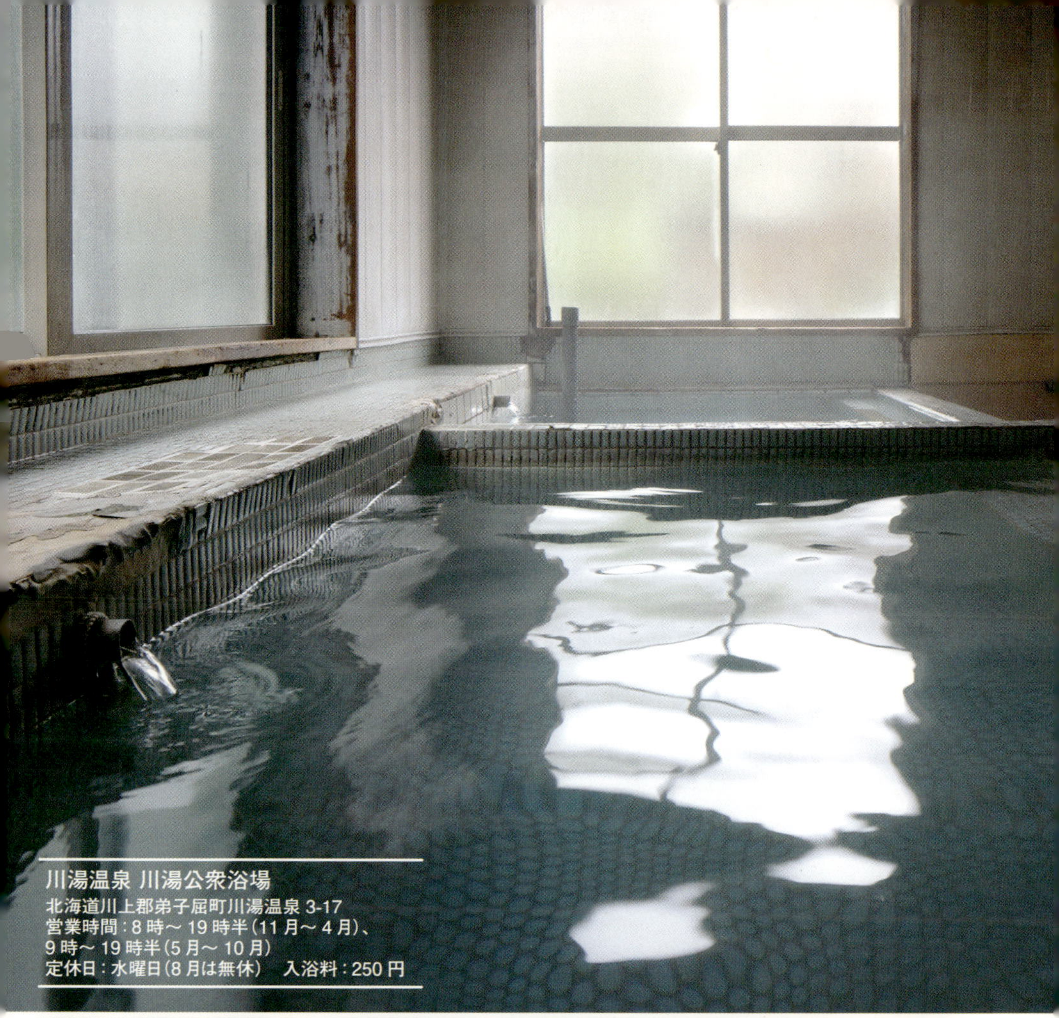

川湯温泉 川湯公衆浴場

北海道川上郡弟子屈町川湯温泉 3-17
営業時間：8 時～ 19 時半（11 月～ 4 月）、
9 時～ 19 時半（5 月～ 10 月）
定休日：水曜日（8 月は無休）　入浴料：250 円

北海道川上郡 摩周温泉

泉乃湯

透明な熱めのお湯が気持ちいい
地元密着の素朴な公衆浴場

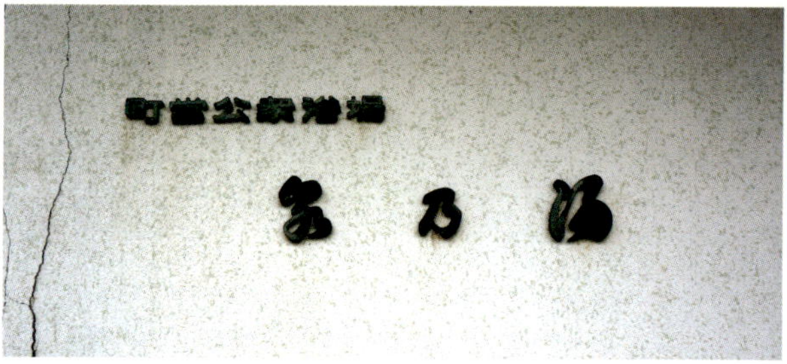

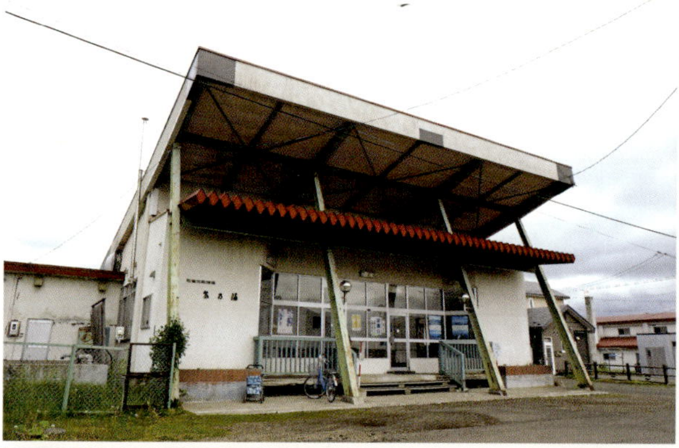

昭和 49 年開業の、今がちょうど旬なレトロ感のある町営の公衆浴場『泉乃湯』。昭和 40 ～ 50 年代のセンスを感じさせる建物の外観も味があり、大事に使われてきた脱衣所も気持ちよい。かけ流された浴槽は、タイルが剥がれたところもあるが、それもまた味。ただあり続けてくれることのありがたさを実感する、実に素朴な風呂だ。

摩周温泉 泉乃湯

北海道川上郡弟子屈町泉 3-4-30
営業時間：13 時～ 21 時　定休日：火曜日
入浴料：200 円

『亀乃湯』は、同じ弟子屈町内の『泉乃湯』のおばちゃんが入植した70年前に、すでにあったという古い湯。今もこぢんまりとした銭湯風情のまま奇跡的に残っている。浴室の床一面に張られたピンク系のタイルと、浴槽内の水色のタイルとのコントラストがとても美しく、それだけでも幸せな気分になる。湯は、熱めの源泉が直接投入できるようになっている。

熱めの湯と美しいレトロなタイル
これだけで幸せな気分に

鐺別温泉 亀乃湯
北海道川上郡弟子屈町桜丘 2-3-1
営業時間：7 時～ 19 時半　定休日：無休
入浴料：200 円

北海道河東郡 **幌加温泉**

湯元鹿の谷

十勝の奥の人里離れた山中、糠平湖から国道273号をさらに山深く分け入って行く――。すると、人家も全くないヒグマの生息地に、今にも消えてしまいそうな鄙びた幌加温泉がある。かつては2軒の宿が営業していたが、1軒はすでに休業し、枯れきった建物が寂しく風に吹かれていた。

辺りにはほかに何もない、世間から隔離されたような幌加温泉の一番奥で、『湯元鹿の谷』は静かに時を刻んでいた。携帯電話の電波も届かない、あるのは怖くなるくらいの静けさと、「ナトリューム泉」「カルシューム泉」「鉄鉱泉」など数種類の源泉がかけ流された素朴な浴槽だけだ。手頃な湯治料金で宿泊できるので、好きな食材や酒を持ち込み、何泊か山籠もりするのもいい。

3種類の泉質の内湯には打たせ湯もある。露天風呂には、別の源泉から硫黄泉が引かれている。脱衣所は男女別々だが、中の扉を開けると、ひとつの大きな浴室があるだけだ。男女ともにゆずりあってこの素晴らしい秘境の湯を味わいたい。宿泊すれば、24時間この湯を存分に堪能できる。風雪に耐えた建物は、相当にくたびれているが、それも味わいだ。

人里離れた山中の温泉宿
静寂に包まれ、秘境の湯を味わう

幌加温泉 湯元鹿の谷

北海道河東郡上士幌町幌加
営業時間：9 時～ 18 時
入浴料：500 円
宿泊料：3000 円（素泊・布団なし）、4500 円（素泊・布団あり）

コラム

温泉マークと看板

古びた味のある看板などは、それだけでも癒される存在感がある。そして、日本人のDNAに深く刻み込まれているのが、赤い温泉マークだ。全国津々浦々、様々に温泉は湧くが、このマークだけはどこも共通で、そのバリエーションも興味深い。

1

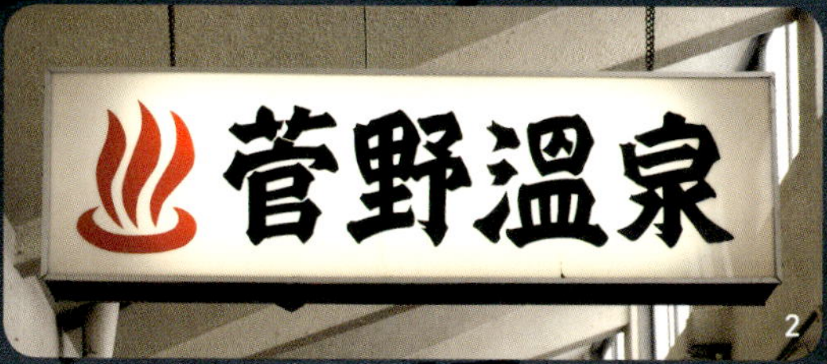

2

3

5

4

7

6

8

11

10

9

13

12

1. 戸倉上山田温泉 戸倉国民温泉(p104) ／ 2. 下諏訪温泉 菅野温泉(p108) ／ 3. 高増温泉 不動乃湯(p48) ／ 4. 持子沢温泉 夢野温泉ホテル(p46) ／ 5. 百沢温泉(p52) ／ 6. 東根温泉 いしの湯(p69) ／ 7. 上諏訪温泉 大和温泉(p111) ／ 8. 箱根湯本温泉 弥坂湯(p120) ／ 9. 芦ノ牧温泉 芦ノ牧ドライブ温泉(p86) ／ 10. 正木温泉(p116) ／ 11. 蟠渓温泉 伊藤温泉旅館 ひかり温泉(p26) ／ 12. 萩野温泉 萩野荘(p23) ／ 13. 瀬見温泉 喜至楼(p64)

北海道白老郡 **萩野温泉**

萩野荘

白老町の住宅地に突如現わる『萩野荘』。入口がスロープになっていて、その角度がとても急なのも、何とも言えない味わいを感じる。こぢんまりとした浴室には、茶色いモール泉がふんだんにかけ流され、熱めの湯の香りが広がる。つるつるとした肌触りの湯で、湯上がりはなかなか汗が引かないほど温まる。ちょっと懐かしい昭和な外観も気に入った。

萩野温泉 萩野荘

北海道白老郡白老町字萩野 426-2
営業時間：8 時～ 20 時
入浴料：300 円　宿泊料：3000 円～（素泊）

北海道白老郡 虎杖浜温泉

ホテル王将

赤い欄干の橋を渡り
昭和の渋さを保存した絶品の空間へ

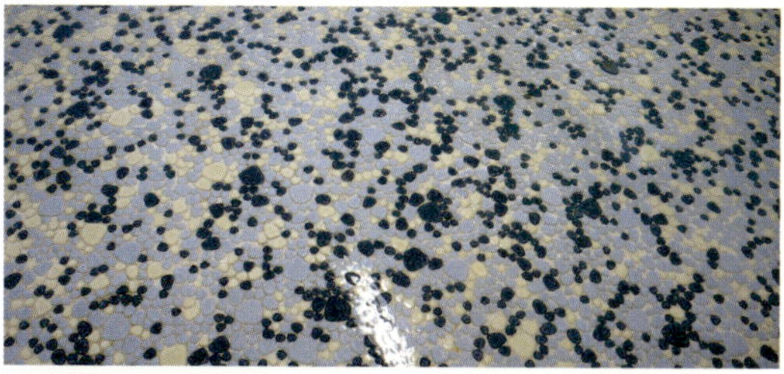

玄関を開けると、いきなり「幸福橋」がお出迎え。かつて、この下に小さな池があったときの名残だそうだが、これがシュールすぎて最高だ。急な橋を渡って浴室へ入ると、そこはびっしりと昭和のタイルが張られた絶品の空間だった。薄茶色の透明なモール系の湯は、ぬるつるで浴感も完璧。浴槽に入らないと行けない露天風呂への入口も趣味がいい。

虎杖浜温泉 ホテル王将

北海道白老郡白老町竹浦 118-72
営業時間：6、7 時～ 18 時半
定休日：不定休　入浴料：400 円
宿泊料：素泊 4000 円、2 食付 6000 円
※冬期は別途暖房料 500 円

北海道有珠郡 蟠渓温泉

伊藤温泉旅館 ひかり温泉

カオス感満点の温泉天国
鄙びたB級感は全国トップクラス

洞爺湖と支笏湖を結ぶ国道453号沿い、山間の小さな集落に大きな看板が目立つ。日本全国でもトップクラスの鄙びたB級感のある湯治宿『ひかり温泉』である。明治17年の開湯と、実に130年以上もの歴史がある。敷地内は、どこを見ても現代とは思えないディープな雰囲気が充満し、一歩館内に足を踏み入れれば、カオス感満点の温泉天国に狂喜してしまう。内湯、露天、家族風呂と趣向の違う風呂に入り放題で、昔ながらの湯治料金も嬉しい。内湯に大きく描かれた「蟠渓ひかり温泉音頭」の絵は、B級文化遺産レベルの味わいで、歌詞もキャラも微妙なところが最高だ。しかも、この絵の作者は1ヶ月も滞在し、宿代を踏み倒して姿を消した「ニセ作詞家」だった、というのだから凄い。

館内はどこを切り撮っても絵になるネタの宝庫だ。しかし、私が訪問した 2017 年には 4 代目の経営者がついに閉館を決めたときだった。その後、息子さんが引き継いだそうだが、2018 年には再度閉館したという。いつの日か再開することを祈りたい。ここに限らず、侘寂温泉はいつなくなってもおかしくないところが多い。常に〝今が最後〟なのかもしれない。

蟠渓温泉 伊藤温泉旅館 ひかり温泉

北海道有珠郡壮瞥町蟠渓 19
営業時間：8 時～ 20 時
入浴料：400 円　宿泊料：3000 円（素泊）
※現在は閉館

北海道茅部郡 濁川温泉

新栄館

深夜に一人で浸かる贅沢
湯の流れる音も心地よい

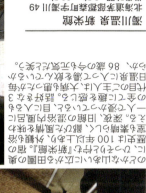

のどかな山あいに広がる田園の奥に、ひっそりと佇む『新栄館』。宿の歴史は100年以上あり、外観も浴室も素晴らしく、鄙びた風情を味わえる。深夜、旧館の混浴内風呂に一人で浸かっていると、目に入るもの全てに趣を感じる。話好きな3代目のご主人は、大病も患ったが毎日温泉に入って湯を飲んでいるからか、86歳の今も元気だと笑う。

濁川温泉 新栄館

北海道茅部郡森町字濁川49
営業時間：8時～20時
定休日：不定休
入浴料：400円
宿泊料：素泊3500円、
2食付7000円

北海道函館市 川汲温泉

明林荘

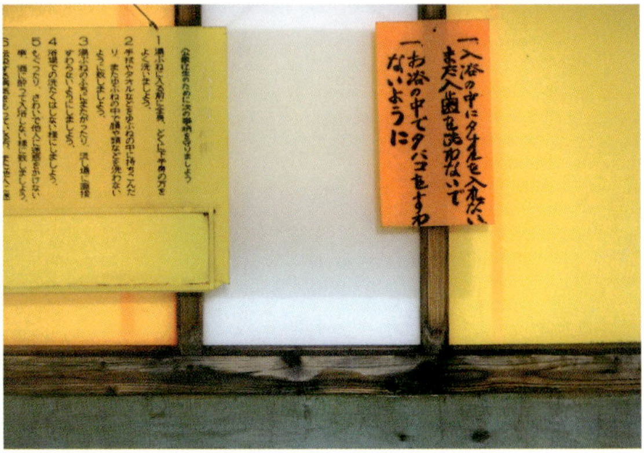

木造の脱衣所を降り
ほっとするタイル張りの浴室へ

現在は宿泊できないが、温泉旅館として1953年に開業した『明林荘』。川沿いに建つ旧館の姿は周囲の自然になじんでいる。昔ながらの銭湯のような脱衣所から、数段下がった浴室へと降りていくアプローチも素敵だ。やわらかで透明なアルカリ性単純泉がかけ流される浴槽は、懐かし感のあるタイル張りでほっとする。男女の仕切りの色彩感もポップで、レトロ感を増幅させている。

川汲温泉 明林荘

北海道函館市川汲町 2097
営業時間：7時半～20時
入浴料：440円

北海道檜山郡 湯ノ岱温泉

国民温泉保養センター

天井の高い開放的な浴室
これぞ昭和50年代のセンス

今や全国的にも少なくなった体育館のような建物の、センター系温泉『国民温泉保養センター』。山間の温泉地の奥にひっそりと佇む姿が旅情をそそる。1975年開業の日帰り温泉で、炭酸泉の成分が固まった析出物が広い浴室を覆い、美しい天然の模様を描いている。ぬるめの湯にじっくり浸かって、温泉成分の創る美と恵みを感じたい。

湯ノ岱温泉 国民温泉保養センター
北海道檜山郡上ノ国町字湯ノ岱 517-5
営業時間：10時～21時（5月 ～ 10月）、10時～20時（11月～4月）
定休日：第3月曜日、年末年始
入浴料：350円

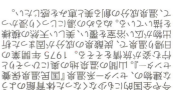

北海道上磯郡 知内温泉

ユートピア和楽園

北海道最古の温泉
静かな山あいの湯に浸かる

開湯 800 年という北海道最古の温泉。5 つの源泉を持ち、旧館の上の湯、新館の下の湯、露天と 3 つの風呂に入浴できる。北海道の最南の静かな山あいにあり、昔のままの浴室が嬉しい。温泉成分が濃く、析出物が堆積した浴室の床は、なめらかなうろこのような模様に覆われている。ステンレスの手すりには、驚くほど成長した温泉成分が丸く固まっている。

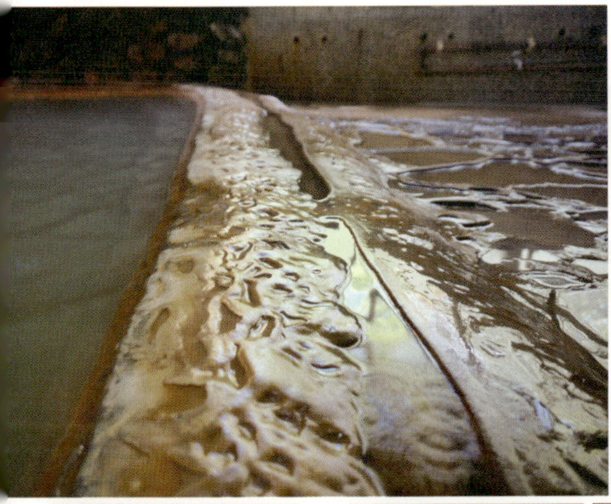

知内温泉 ユートピア和楽園

北海道上磯郡知内町湯ノ里 284
営業時間：7 時～ 21 時　定休日：無休　入浴料：460 円
宿泊料：素泊 7000 円～、2 食付 8790 円

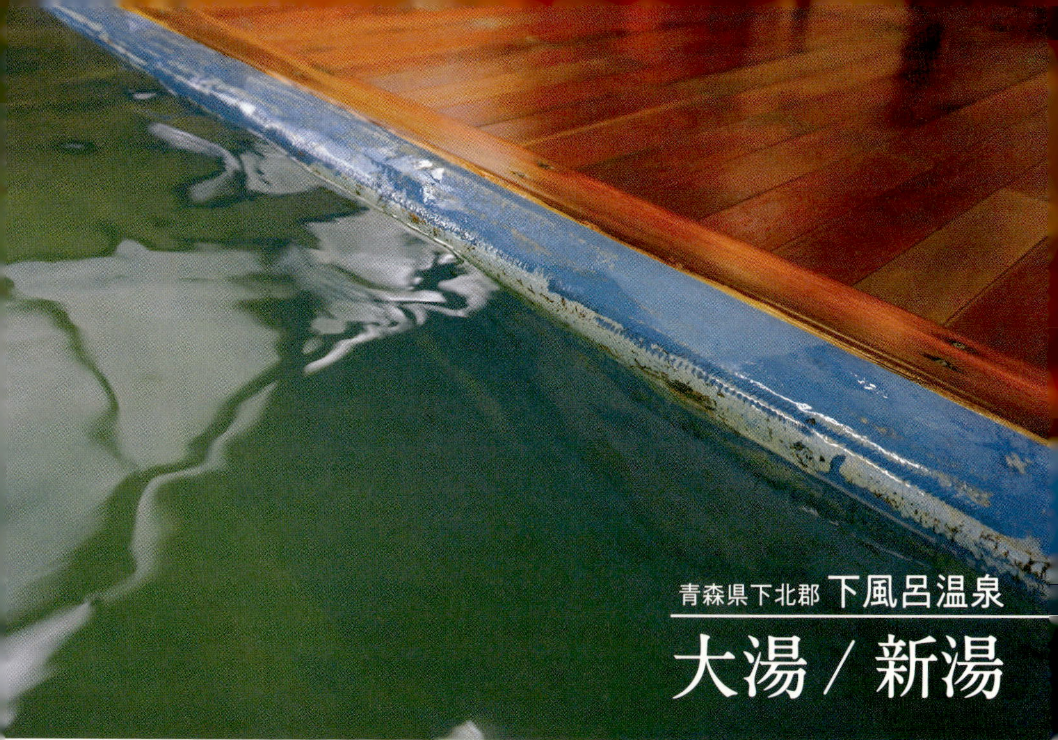

青森県下北郡 下風呂温泉

大湯／新湯

下北半島最果ての公衆浴場。ヒバの木目が美しい床板、FRPのレトロ感のある水色の浴槽、そして濃い硫黄泉の白濁した色のコントラストが美しい。潮の香りと硫黄の匂いが、強く旅情をかき立てる。大湯と新湯では泉質が微妙に違うので、はしご湯をおすすめしたい。昔ながらの銭湯のような脱衣所も鄙びた居心地のよさがあるが、改築の話もあるという。

泉質が微妙に違うふたつの湯
のんびりと“はしご湯”を

下風呂温泉 大湯 / 新湯

大湯：青森県下北郡風間浦村下風呂字下風呂 97 / 新湯：青森県下北郡風間浦村下風呂字家の尻 13
営業時間：7 時～ 20 時半（4 月～ 10 月）、8 時～ 20 時半（11 月～ 3 月）
定休日：月曜日（大湯）、火曜日（新湯）　入浴料：350 円

※『大湯』『新湯』は 2020 年 11 月 30 日 18 時をもって閉館しました。

なめらかな湯に身体を沈めると
至福の時は完成した

青森県上北郡 若葉湯温泉

若葉温泉

野辺地町に奇跡的に残る温泉銭湯の『若葉温泉』。築 40 年以上の雰囲気ある建物の中は、昭和のまま時が止まっている。脱衣所には手描きの広告、ロッカーには一つひとつ交通標識と広告が描かれ、タイムスリップ感を増幅させる。浴室のカランやシャワー、そしてタイルなどの全てのディティールが、完璧にひとつの理想的な世界を作り出す。

若葉湯温泉 若葉温泉

青森県上北郡野辺地町
石神裏 10-27
営業時間：13 時～ 22 時
定休日：月曜日
入浴料：380 円

※『若葉温泉』は閉館しました。

青森県三沢市 三沢温泉

三沢保養センター

全国の鄙びた温泉を巡ってわかるのが、外観がボロボロなところほど、湯も個性的だったり、名泉だったりするということだ。ここ『三沢保養センター』も、その代表とも言える温泉だろう。

ぬるつる感のある、いかにも効きそうな湯がふんだんにかけ流され、地元の常連客に愛されている活気が、湯気とともに伝わってくる。"滝"と呼ばれる打たせ湯もあり、現代に疲れた魂を芯からほぐしてくれた。いい湯だから、それ以外のことにはあまり手をかけなくてもお客は来てくれるのだ。そしていつの間にか、この激渋な空間に育ち上がったのだろう。いつなくなってもおかしくない貴重な施設であり、ぜひ今のうちに行っておきたい。古びすぎて廃墟感すら漂う、この保養センターが愛おしい。

ATION CENTER
センター
三沢温泉
MISAWA HOT SRRING WATER

おしらせ

女湯
男湯
シンポジウム
11.11

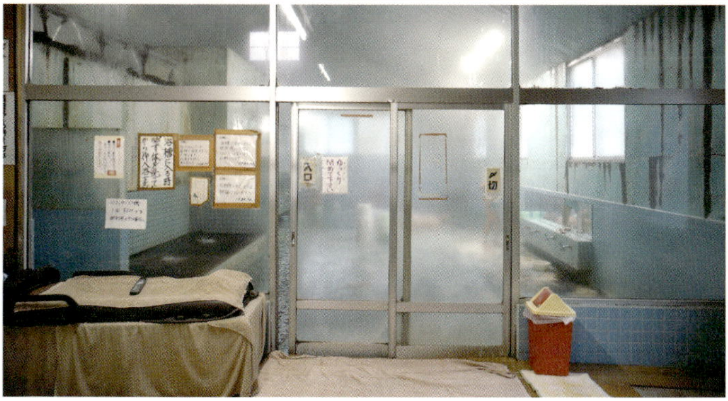

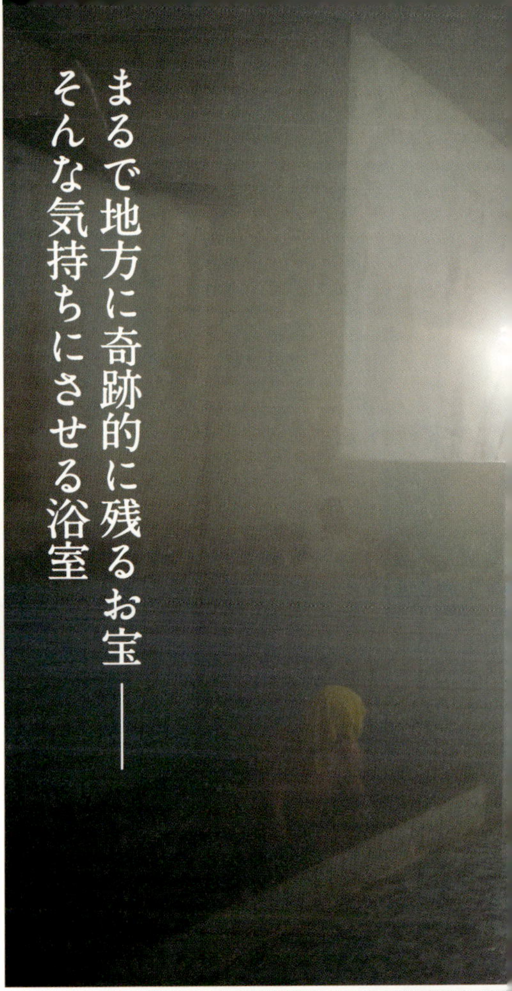

まるで地方に奇跡的に残るお宝——そんな気持ちにさせる浴室

もうもうと湯気が充満する浴室の床は、懐かしい色合いのタイル仕上げで、壁の水色のタイルと相まって、優しい雰囲気を醸し出している。地元の常連客が次々とやって来て、ぬるつるで少し黄みがかった美しい湯を堪能し、いつものようにそれぞれの入り方をして帰って行く。そんな当たり前の光景に、旅人は逆に非日常感を感じたりするものだ。

三沢温泉 三沢保養センター

青森県三沢市三沢字園沢 41-32
営業時間：6 時～ 21 時
定休日：無休　入浴料：280 円

青森県五所川原市 持子沢温泉

夢野温泉ホテル

まさに昭和の大浴場のイメージ
観光ホテル系の希有な温泉

ひと昔前なら特に目立たない観光ホテル系温泉。だが、現代では日本中を探しても、この系統の佇まいを見つけるのはとても難しい。昭和 50 年生まれの本館は、40 年の時間がゆっくりと磨き上げたレトロな雰囲気に包まれている。薄暗い廊下奥の大浴場は、床一面に張られたタイルが見事だ。滔々とかけ流される、ぬるつる感のあるお湯も素晴らしい。

持子沢温泉 夢野温泉ホテル

青森県五所川原市大字持子沢字隠川 686
営業時間：6 時～ 22 時　入浴料：300 円
宿泊料：素泊 4000 円、朝食付 4500 円、
2 食付 8000 円

青森県北津軽郡 高増温泉

不動乃湯

津軽にはいい湯があちこちで湧いているが、これほど味のある風情を醸し出している施設はなかなかない。迫力のある文字で書かれた看板からは、温泉への親しみが伝わってくる。玄関を開けると、中には昭和の世界が広がる。昔ながらのタイル張りの浴室の奥には不動様が鎮座し、とろみ感がある発泡性の名湯が惜しむことなく溢れている。

懐かしく心地よい雰囲気に
風呂に入る前から癒やされる

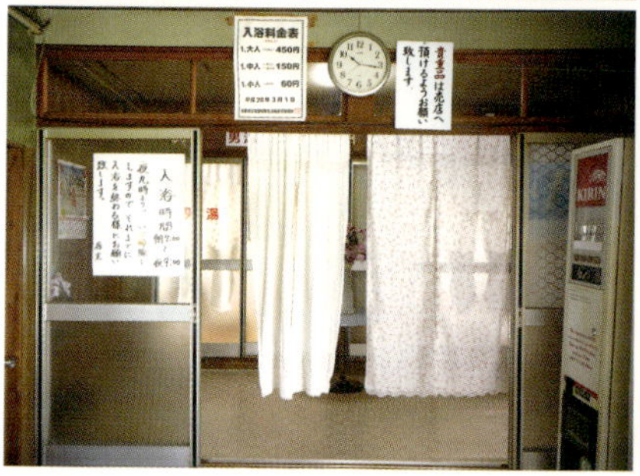

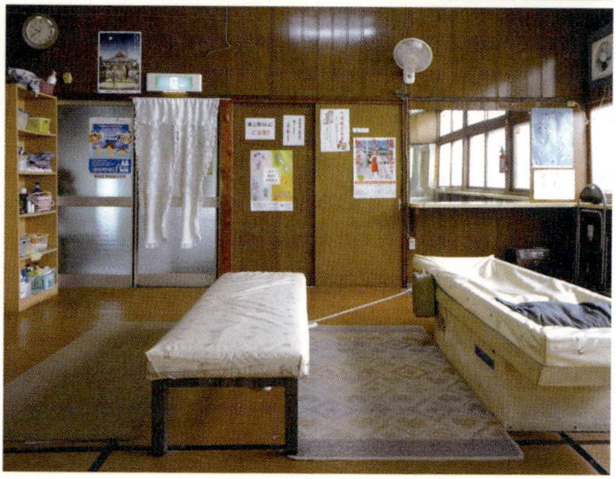

高増温泉 不動乃湯

青森県北津軽郡板柳町大字大俵字和田 422-3
営業時間：7 時～ 21 時　定休日：無休
入浴料：400 円

青森県平川市 平賀温泉

新屋温泉

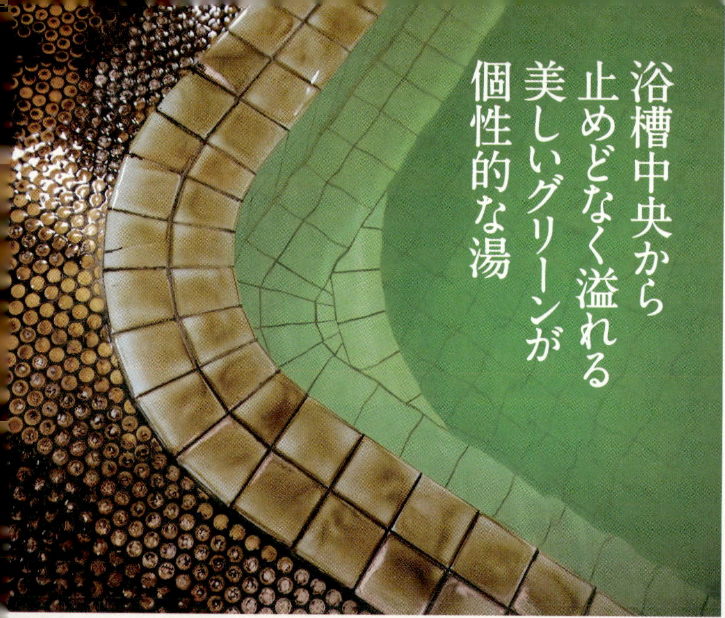

浴槽中央から止めどなく溢れる美しいグリーンが個性的な湯

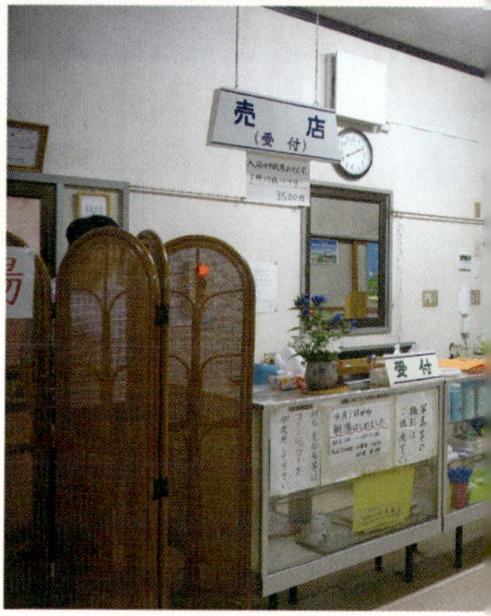

『新屋温泉』は、地元密着型の温泉銭湯。昭和 61 年に開業した施設の雰囲気は、地方の日常に紛れ込んだような旅情を誘う。浴室に入ると、美しいグリーンの湯が放つ石油のような匂いに驚く。浴槽の中央から止めどなく溢れる源泉 100%の個性的な湯は、硫黄分も含まれとろっとした肌触りで、泡感もあり適温。色、香り、浴感とも最高級の温泉だ。

平賀温泉 新屋温泉

青森県平川市新屋平野 84-14
営業時間：5 時半～ 7 時半（朝湯）、7 時半～ 21 時半（通常）　定休日：無休
入浴料：朝湯 200 円、通常 350 円　※冬期は通常のみ営業

青森県弘前市

百沢温泉

名峰岩木山のふもとに湧き出す百沢温泉は、土類や金気を含む弱食塩泉で、薄緑色の濁り湯が豪快にかけ流されている。ここ『百沢温泉』の館内は、昭和というよりは平成の雰囲気だが、平成も終わる今、手描きの看板など徐々に熟成した味わいが出てきている。効能の濃い熱い湯は地元でも人気で、浴室に響く津軽弁が旅情を誘う。

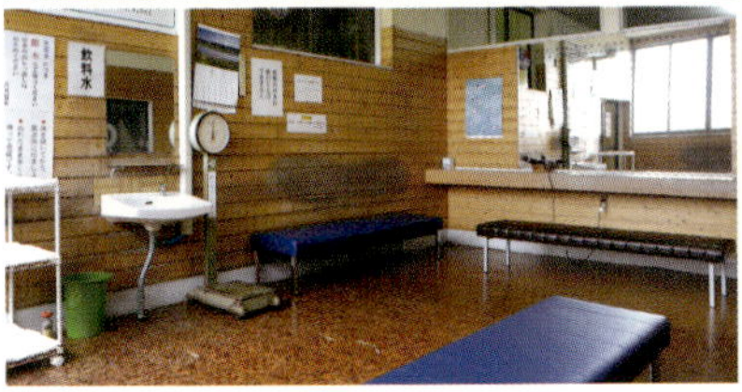

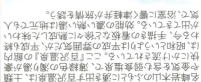

百沢温泉
青森県弘前市大字百沢字寺沢 290-9
営業時間：10 時〜 22 時
定休日：第 4 水曜日　入浴料：320 円

青森県弘前市 嶽温泉

田澤旅館

岩木山のふもとには、たくさんの温泉が湧く。そのうちのひとつ、嶽温泉にある『田澤旅館』は、明治から続く老舗だ。外観も館内も鄙びた風情があり、まるで昭和を再現したセットのような食堂と、旅館の玄関が並ぶ。大きな古民家風の佇まいは、心休まる雰囲気だ。

年季の入った館内を奥へ、階段を降りていく浴室までの風景も年月が凝縮された味がある。そして期待どおりの完璧な浴室は、館内の渋めの色調とは異なり、意表をつく鮮やかな色合い。いかにも温泉らしい硫黄の匂いが、浴室いっぱいに充満していて幸せな気分になる。熱く透明な湯はとても新鮮で、かき混ぜると白い湯の花が舞い幻想的だ。勢いよくほとばしる滝に打たれると、旅の疲れもお湯に溶けて消えた。

湯治場の雰囲気が心地よい館内。女将さんの温厚な人柄が、旅の疲れも忘れさせる。湯の花が濃厚な白濁の湯と、ハッとするほど鮮やかな水色の浴槽の組み合わせが美しい。脱衣所は男女別で、浴室へのドアを開けると手前にそれぞれの小さな浴槽。その奥、衝立の向こう側には名物の滝（打たせ湯）が注ぐ浴槽があり、こちらは混浴だが、貸し切りのチャンスも多い。

ハッとするような
水色の浴槽――
旅の疲れも
お湯に溶けて消えた

嶽温泉 田澤旅館

青森県弘前市大字常盤野字湯の沢 10
営業時間：日中～18 時頃　定休日：不定休
入浴料：350 円　宿泊料：3500 円（素泊）～

コラム

風情を彩る備品とマシン

長い年月の間、温泉の名脇役だったが、いつの間にか主役級の存在感を放っている、備品やマシン。昔のものは丈夫で長持ちするのか、年季の入ったマッサージチェアなどが現役の施設も多い。現代では味わえない、絶滅寸前の昭和感が懐かしい。

1

2

3

4

5

6

7

8

1.5. 大島鉱泉（p100）／ 2. 鐙別温泉 亀乃湯（p16）／ 3. 上山温泉 下大湯（p72）／ 4. 高増温泉 不動乃湯（p48）／ 6. 蟠渓温泉 伊藤温泉旅館 ひかり温泉（p26）／ 7. 川湯温泉 川湯公衆浴場（p11）／ 8. 龍王温泉 龍王温泉荘（p70）

岩手県二戸郡 宮田温泉

宮田温泉保養所

一戸町から県道を山奥へ入って行くと、のどかな農村の広場に適度に鄙びた『宮田温泉保養所』が佇んでいる。地元の共同浴場といった雰囲気で、旅人にもありがたい。男女の仕切りが奇抜な色のアクリル板で、それがまたひとつの味わいになっている。温泉の少ない北上山地に湧く貴重な湯で、山の空気もおいしい穴場である。

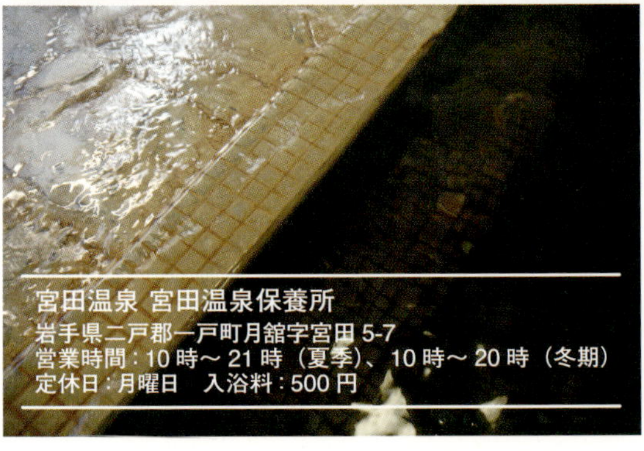

宮田温泉 宮田温泉保養所
岩手県二戸郡一戸町月舘字宮田 5-7
営業時間：10 時～ 21 時（夏季）、10 時～ 20 時（冬期）
定休日：月曜日　入浴料：500 円

岩手県和賀郡 巣郷温泉

でめ金食堂

岩手と秋田の県境近く、山深い国道107号沿いに掲げられた、温泉マークと「でめ金」の文字が書かれた看板が愛嬌満点の『でめ金食堂』。食事をすると、無料で温泉に入れるという珍しいお店だ。食堂自体は40年ほど前に始め、自宅の温泉を「いつも流れっぱなしだからもったいない」と、食事の客に開放するようになったという。厨房の奥に小さな浴室があり、空いていればいつでも入れる。

浴室に入った瞬間、むせるような石油臭に包まれる。油分の含まれた温泉はとろみがあり、パンチ力のある強い湯だ。さらに、独特のデザインで赤と紺のタイルがあしらわれた浴槽も最高に素晴らしい。その湯に浸かり、うっとりとタイルを眺めていたら、のぼせてしまいそうだった。

食事のあとは無料の温泉へ——
そこには個性的で美しいタイルの浴槽が

日本全国を探してみても、こんなに個性的で美しい浴槽はなかなかない。壁のタイルに描かれた優雅に泳ぐ出目金も渋い。ほとんど無色透明なのに、激しい油臭ととろみのある濃い湯がかけ流されている。いい感じに年月を重ねた店内は、メニューも昭和で、ひと昔前のドライブインを思い出させる懐かしい雰囲気だ。

巣郷温泉 でめ金食堂

岩手県和賀郡西和賀町
巣郷 63 地割 159-14
営業時間：9 時過ぎ～ 20 時
定休日：火曜日
入浴料：食事をすると無料

宮城県大崎市 中山平温泉

菊地旅館

渋い風情の浴槽に透明で熱めの湯——湯治宿泊しながら温泉巡りも

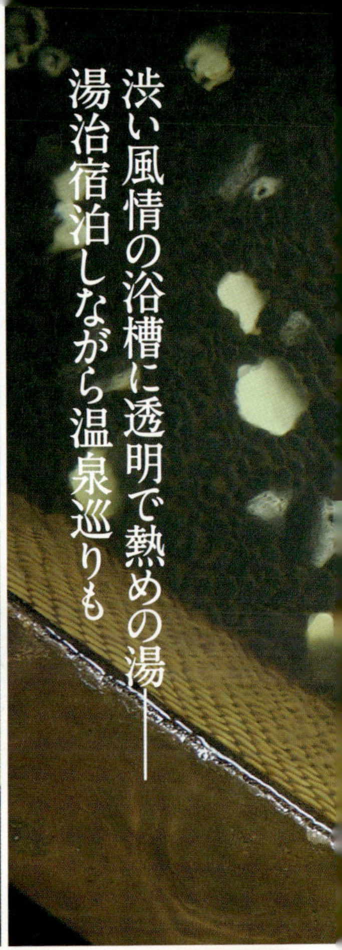

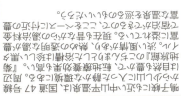

鳴子峡にも近い中山平温泉は、国道 47 号線から少し山に入った静かな環境にある。周辺は自然も豊かで、転地療養効果も高い。『菊地旅館』のこぢんまりとした浴槽は珍しい黒タイル。渋い風情があり、熱めの透明な湯が豊富に溢れている。現在も昔ながらの湯治料金で宿泊ができるので、ここをベースに付近の豊富な温泉を巡るのもいいだろう。

中山平温泉 菊地旅館
宮城県大崎市鳴子温泉字星沼 54-1
営業時間：10 時～ 20 時
入浴料：550 円
宿泊料：3850 円（素泊） ～
※冬期は別途暖房料あり

※『菊地旅館』は閉館しました。

山形県最上郡 瀬見温泉

喜至楼

山形県で最古の温泉建築物である『喜至楼』。150年以上の歴史がある老舗旅館であり、本館の玄関を入ると、その重厚な雰囲気に圧倒される。昭和というよりは明治、大正のテイストで、遙か昔への憧れの思いを刺激される。

館内の建具やふすまの彫刻、装飾品をはじめ、浴室へと向かう廊下にも年月を感じさせる風情が満ちており、静けさの中に品格が漂う。総タイル張りの美しい洗面台の左右には、3つの浴室がある。男女別のあたたまり湯、奥には混浴のローマ式千人風呂(女性専用タイムあり)、そして岩風呂と、館内で湯巡りが楽しめる。どの浴室も作られた当時の雰囲気を保っており、現代的な無駄な手を一切加えられていないのが、実に素晴らしい。

ローマ式
千人風呂
瀧湯
あたたまり湯

館内で湯巡り——名湯に浸かり至福の時を味わう

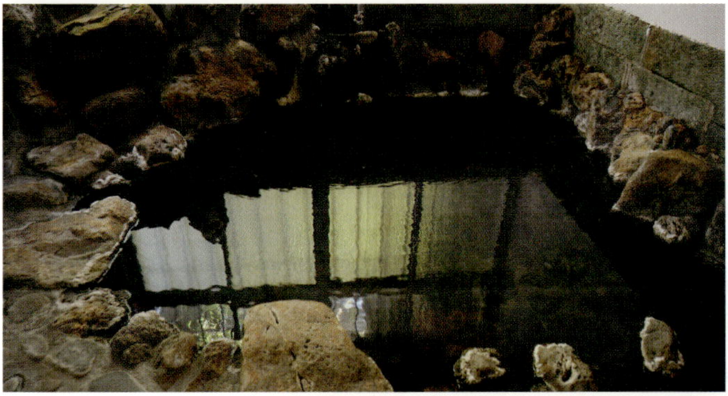

無色透明でぴりっとした力強さを感じる芒硝泉は、大きなローマ式千人風呂を余裕で満たし、惜しげもなくかけ流されている。湯は熱めで、浴後はなかなか汗が引かないが、とてもさっぱりとした名湯だ。浴室は昔ながらの懐かしいタイルで装飾されており、その手仕事の温かみが、さらに湯浴みを至福の時としてくれる。

瀬見温泉 喜至楼

山形県最上郡最上町
大字大堀 988
営業時間：10 時～ 15 時
定休日：無休
入浴料：500 円
宿泊料：素泊 4000 円～、
朝食付 4400 円～、
夕食付 5600 円～、
２食付 6000 円～

山形県鶴岡市 **湯田川温泉**

正面の湯 / 田の湯

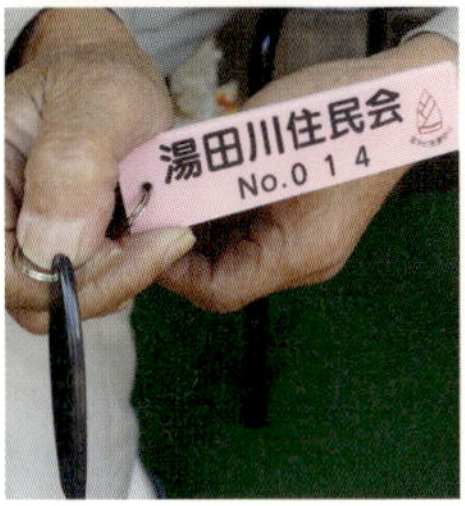

湯田川温泉 正面の湯 / 田の湯

山形県鶴岡市湯田川丙 64（正面の湯）
営業時間：7 時～ 19 時
（正面の湯 9 時～ 10 時半、
田の湯 10 時～ 11 時半は入浴不可）
定休日：無休　入浴料：200 円

昔ながらの雑貨店『船見商店』で入浴を申し込むと、共同浴場の自動扉の鍵を持っていって開けてくれる、というのんびりしたシステム。地元住民の憩いの場である温泉を旅人にも開放している。小さめの浴槽には常に大量の新鮮な湯が注がれ、湯口を眺めているだけでも気持ちがよくなってくる。適温の芒硝泉はつるつるで浴感も最高だ。

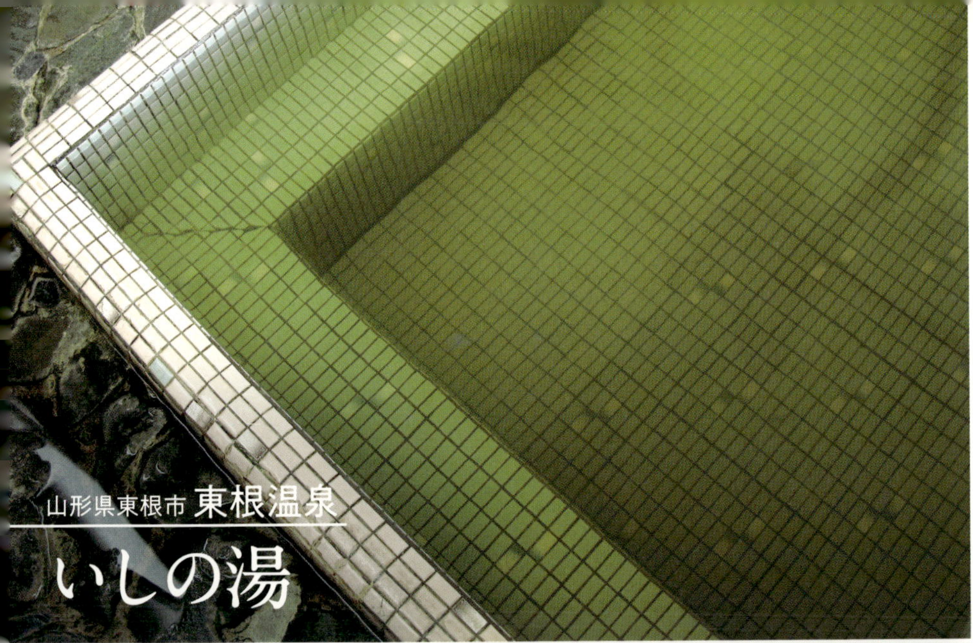

山形県東根市 **東根温泉**

いしの湯

東根温泉 いしの湯
山形県東根市温泉町 1-22-5
営業時間：8 時～ 19 時　定休日：無休
入浴料：250 円

田舎のおばあちゃん家のような、懐かしい日本の民家で温泉に浸かれる、東根温泉の公衆浴場『いしの湯』。看板がなければ本当にただの民家のような佇まいだが、こぢんまりとした浴室に、鄙びたタイル張りの浴槽が味わい深い。日本茶のような美しい色の湯は、源泉かけ流しで新鮮な熱さ。浴感はなめらかでしっとりしている。

山形県上山市 龍王温泉

龍王温泉荘

ぬるつるの湯に浸かり
昭和の時間を感じたい

鬱蒼とした林の奥にB級感たっぷりの温泉宿『龍王温泉荘』はあった。外観から期待したとおりの鄙びた館内は、ゆるい昭和の時間が流れていた。日帰り入浴もできるこぢんまりとした浴室は、床一面と浴槽が懐かしいタイル張りで見事だ。小さめの浴槽にはぬるつるでぬるめの源泉が止めどなく流れ、床は常に溢れたお湯で満ちていた。

龍王温泉 龍王温泉荘

山形県上山市金瓶原 150
営業時間：11 時～ 19 時
定休日：第 1・第 3 木曜日
入浴料：300 円

下大湯

山形県上山市 上山温泉

共同浴場の大きな風呂
熱めのさっぱりした湯が気持ちいい

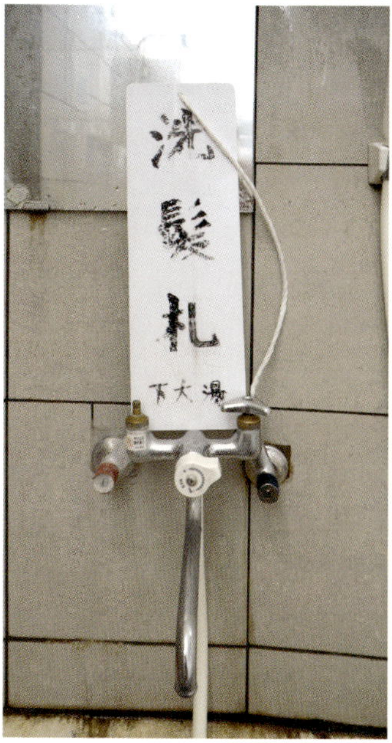

上山温泉の 7 つある共同浴場で一番古いのが、ここ『下大湯』。大きな建物は、昭和 32 年に建てられたままの雰囲気を保ち、現在も地元の人で賑わっている。カランの蛇口には回すハンドルは付いておらず、「洗髪札」を番台で購入するという、今では珍しい仕組みになっている。2 階には大広間もあり、昭和の空気がいまだ漂っていた。

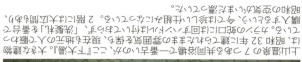

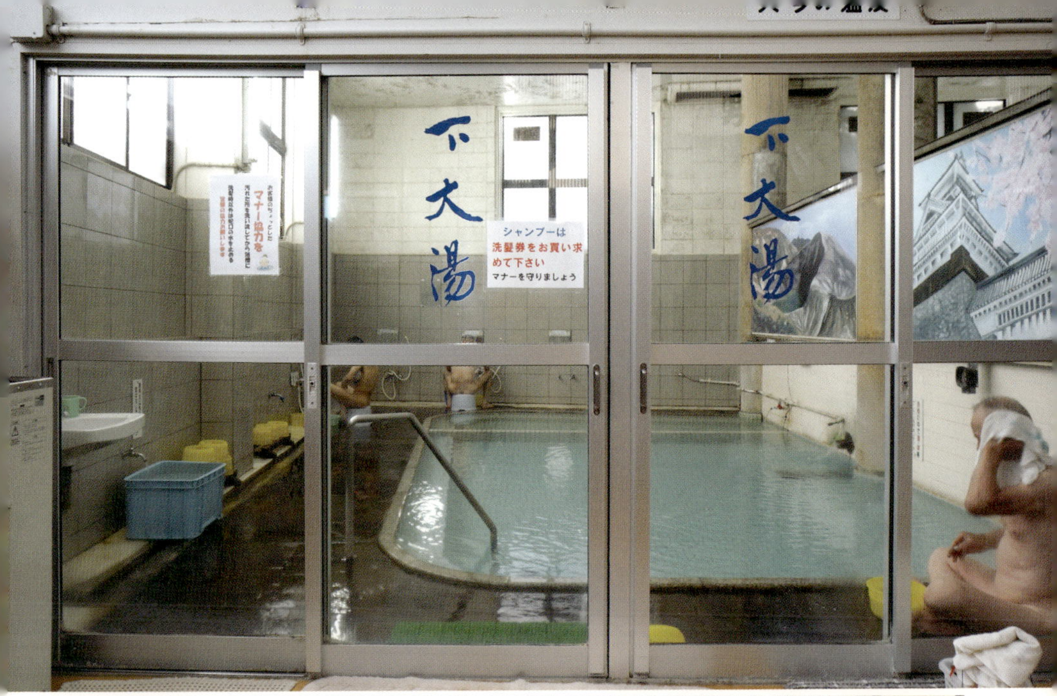

上山温泉 下大湯

山形県上山市十日町 9-30
営業時間：6 時～ 22 時（3 月～ 11 月）、
6 時半～ 22 時（12 月～ 2 月） 定休日：不定休
入浴料：150 円（洗髪料別途 100 円）

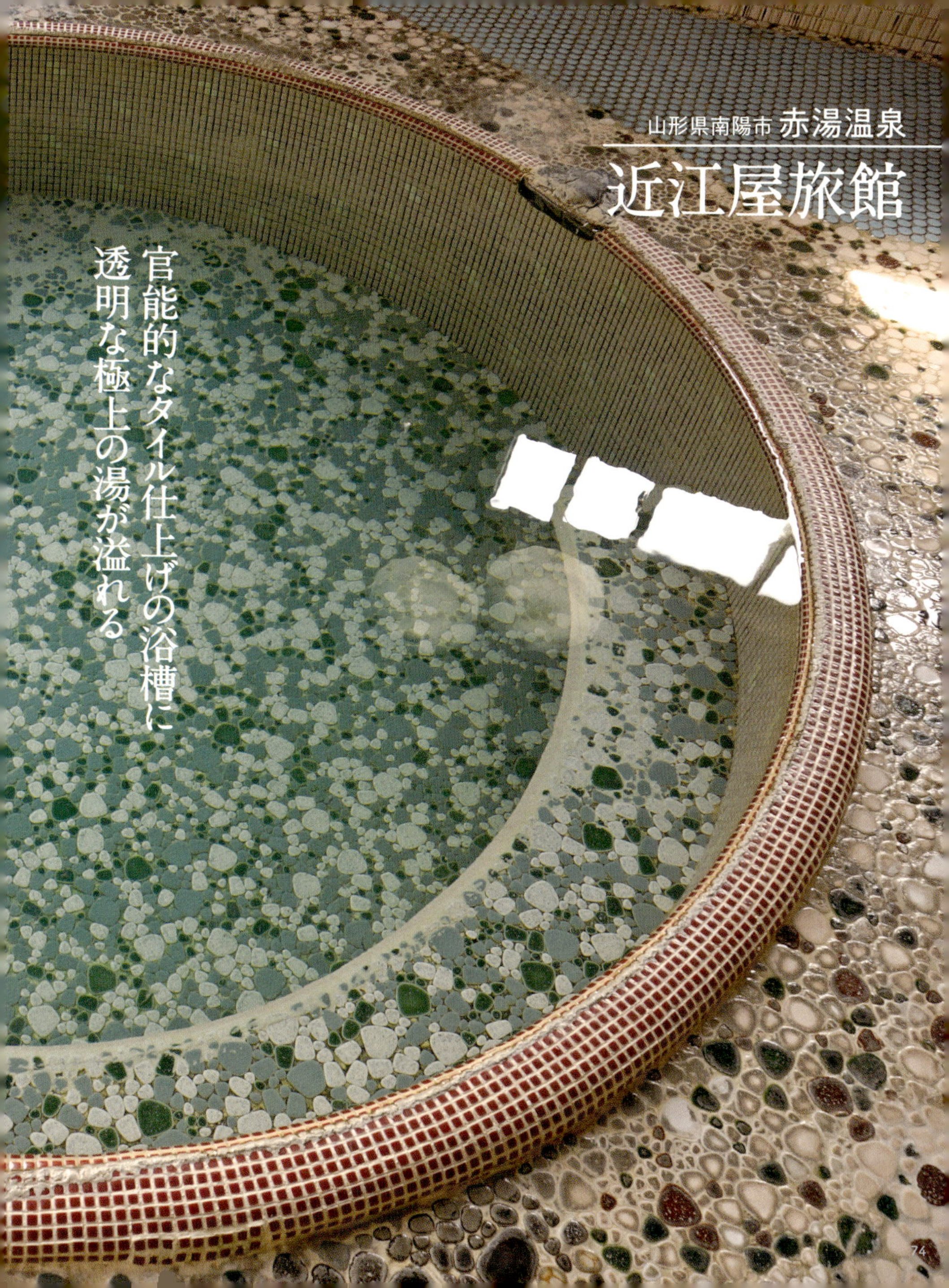

山形県南陽市 赤湯温泉

近江屋旅館

官能的なタイル仕上げの浴槽に
透明な極上の湯が溢れる

『近江屋旅館』は、赤湯温泉街では一見地味目だが、リニューアルが進むほかの老舗旅館が失ってしまった、本物のレトロが残る貴重な旅館だ。昭和41年という昭和真っ盛りの時代に作られた浴室は、ピンク系とグリーン系が優しく響き合う官能的な色合いのタイル仕上げ。浴槽の縁から溢れるのは、透明ながら純白の湯の花が舞う極上の湯だ。

赤湯温泉 近江屋旅館

山形県南陽市赤湯 292-2
営業時間：要相談　入浴料：300 円
宿泊料：6090 円（素泊）
※朝食付、2 食付もあり

コラム

浴室装飾を味わう

温泉は汗を流すだけでなく、心の垢も落としてくれる。湯だけでなく、浴室の造り、素材、色合い、壁画など、無名の傑作に意識を向ければ、入浴が、時間・空間の芸術として感じられる。現代の施設にはない、手作りのぬくもりはとても貴重だ。

1

4

3

2

7

6

5

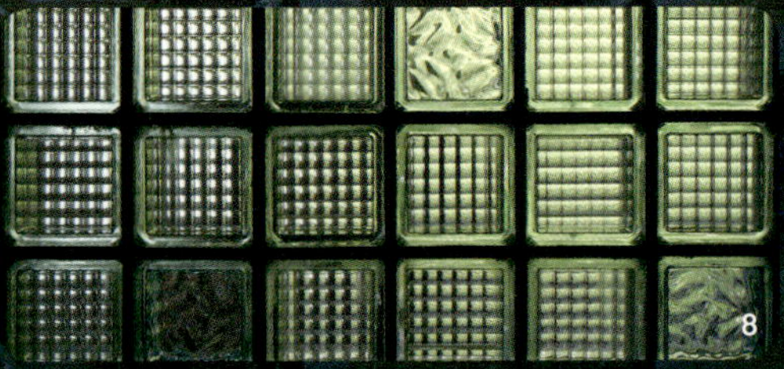
8

1. 白岩温泉 小川温泉共同浴場（p122）／2. 出湯温泉 華報寺共同浴場（p91）／3. 会津東山温泉 東山ハイマートホテル（p82）／4.6. 瀬見温泉 喜至楼（p64）／5.8. 三島谷温泉 永久荘（p96）／7. 峰温泉 花舞竹の庄（p124）

福島県郡山市 磐梯熱海温泉

湯元元湯

湯温の低い源泉にのんびり浸かり
極楽気分を長く味わう

磐梯熱海温泉は、裏磐梯や猪苗代湖など風光明媚な観光地からは少し離れた小さな温泉町。100年の歴史がある『湯元元湯』は、細い路地の奥にある昔ながらの公衆浴場だ。番台や2階の休憩所など、館内は昭和のままの雰囲気が残り、何気ない光景が心に沁みる。

渋く懐かしい色合いのタイルがびっしり敷かれた浴室には、大小2つの浴槽。大きいほうには源泉がかけ流されているが、その湯温は30度前後と、ぬるいというよりは冷たいに近い。しかし、透明の源泉はやわらかく、つるつるで極上の気持ちよさだ。小さいほうの浴槽は加温されており、大小の浴槽を行ったり来たりと無限のループにはまってしまう。浸かっている誰もが本当に気持ちよさそうで、相乗的にリラックス度も高まる。

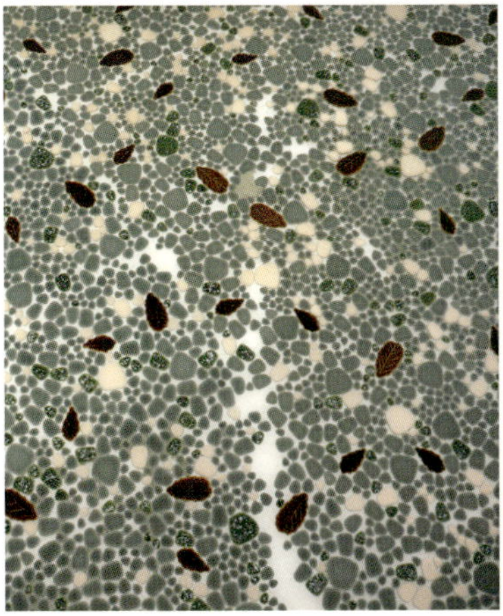

微妙な色合いがとても渋く強力なレトロ感のあるタイルと、どこまでも透明で純粋感のある、ひやりとした源泉の組み合わせは芸術的ですらある。体感的にも視覚的にも完全に満たされる至福の時間を味わった。朝の一番湯が500円で、14時からは半額、16時からは200円と時間帯によって変わる料金体系も、新鮮なお湯へのこだわりだ。

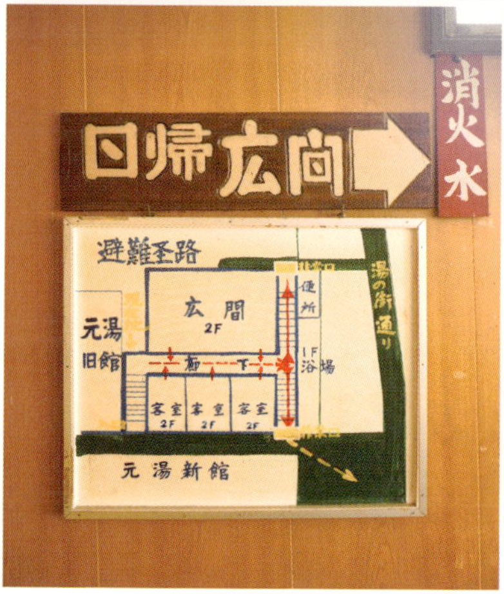

磐梯熱海温泉 湯元元湯

福島県郡山市熱海町熱海 4-22
営業時間：6 時～ 20 時
入浴料：6 時～ 500 円、14 時～ 250 円、16 時～ 200 円
※ 1 回入浴 2 時間まで

福島県会津若松市 会津東山温泉

東山ハイマートホテル

会津東山温泉は、リゾート系ホテルが進出し、昔ながらの旅館が廃業したりと変化が激しい。日本独特の風情と味わいのある温泉が年々激減している中にあって、ここ『東山ハイマートホテル』は奇跡的に昭和の空気感をそのまま保存している、全国的にも希有な存在だ。

自家源泉を持つ浴室のある地下に降りていく階段も、いつの間にか日本中から消えていった懐かしい造形のもので、昭和のオーラを濃く放っている。全面がタイルで覆われた浴室も見事で、完璧な昭和感がある。

渓流を見下ろす大きな窓からは光が差し込み、官能的な色のタイルと、しっとりとしたぬるつるの湯に反射して幻想的だ。昭和40年代の鄙びた味わいを全身で体感できる貴重なホテルである。

渓流の音を聞きながら
完璧な昭和感を全身で体感する

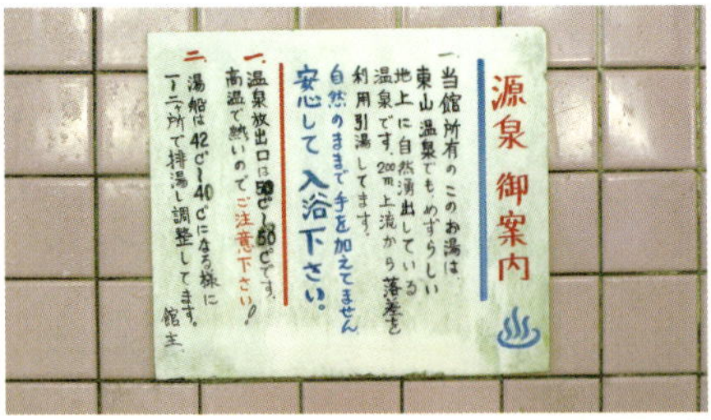

「ハイマートホテル」という字面からは想像もつかない、鄙びた風情のある浴室。タイムスリップ感が強く、幻想的ですらある。こぢんまりとした造りの女湯（上・左）は、男湯のものとはひと味違った趣向の楕円形の浴槽だ。深い青と桃色のタイルの組み合わせが、まるで宝石のように美しい。窓の外の渓流の音も心をさわやかにしてくれる。

会津東山温泉 東山ハイマートホテル
福島県会津若松市東山町
大字湯本字滝ノ湯 109
営業時間：10 時半過ぎ～ 16 時
入浴料：600 円
宿泊料：素泊 7000 円、2 食付 8000 円～

福島県会津若松市 芦ノ牧温泉

芦ノ牧ドライブ温泉

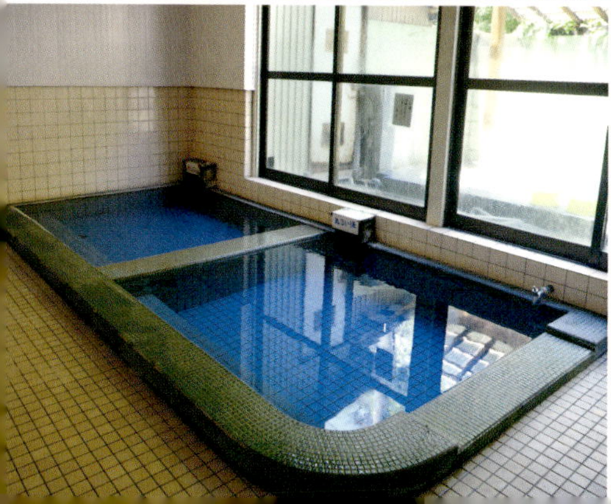

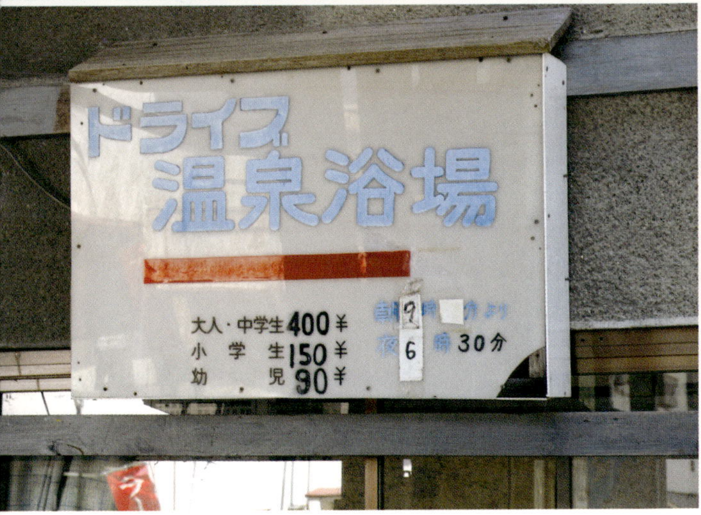

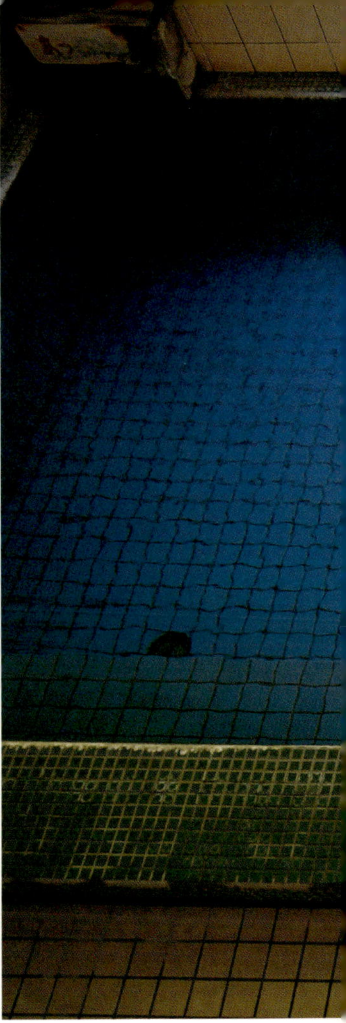

会津若松市から国道118号線を南下し、山間部にさしかかる辺りに、コンビニと古びた観光ドライブインが国道を挟んでいる。30年近く前に初めてバイクで訪れたときと、ほとんど変わらない姿には感動した。ドライブイン全盛だった当時は、自販機コーナーもあり、ハンバーガーやみそ汁の自販機も稼働していて、南会津のカーブの多い山道を走り抜けた後のトイレ休憩所としても賑わっていた。目の前にコンビニができたが、同じ経営ということで、うまく共存しているそうだ。

若い客はコンビニに任せて、ドライブインでは昔ながらのお土産や、福島の地酒などを販売する。そのかたわら、長距離運転の疲れを癒やす『ドライブ温泉』という名の、鄙びた入浴施設も営業している。

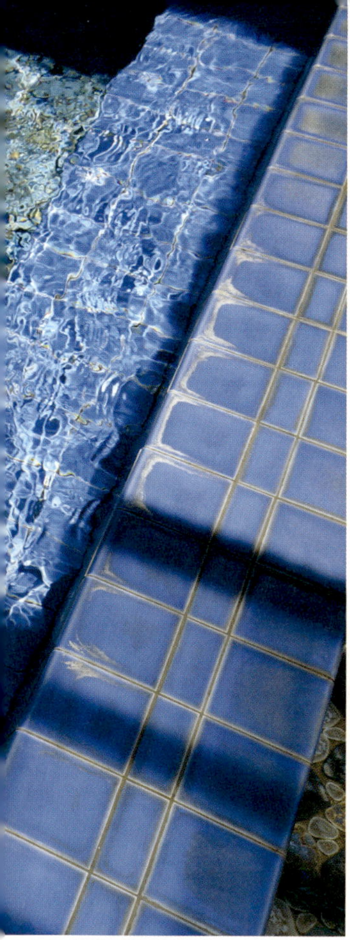

男湯
女湯
男子下駄箱
ゆ
男
女湯

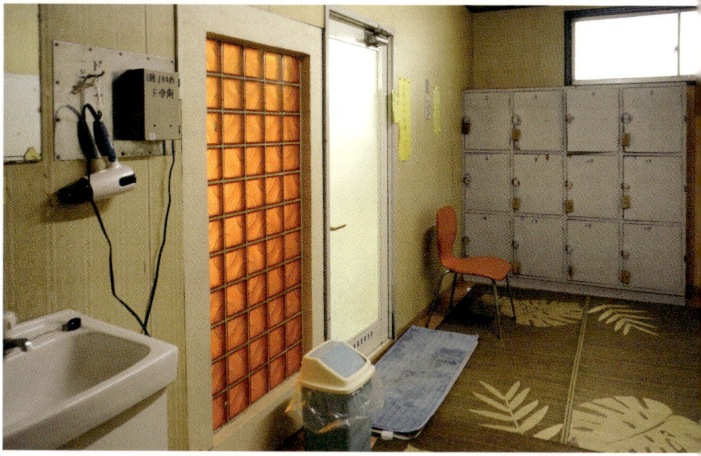

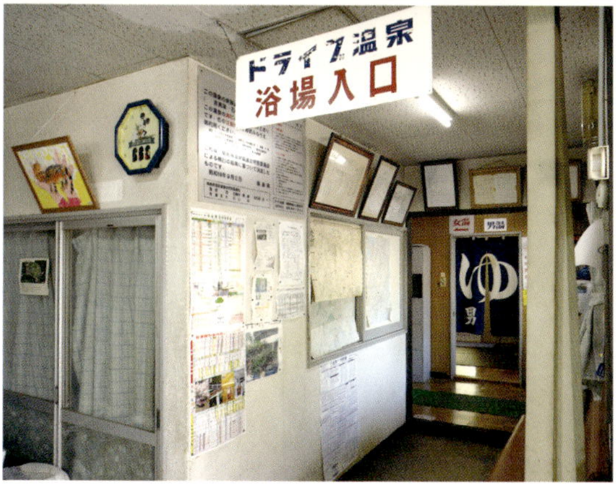
ドライブ温泉
浴場入口
女湯
男湯
ゆ
男

ドライブ温泉で ひと休み 懐かしい雰囲気が 疲れを癒やす

『ドライブ温泉』の浴場入口は渋い雰囲気で、入る前から期待が高まる。懐かしいタイル張りの内湯は、熱めの湯とぬるめの湯が並ぶ。露天風呂も鮮やかなタイルで彩られ、泉質は熱めのさっぱりした透明の湯だ。運転で疲れた身体をほぐすには最適で、ドライブイン全体から醸し出されている懐かしい雰囲気に、身も心も癒やされる。

芦ノ牧温泉 芦ノ牧ドライブ温泉

福島県会津若松市大戸町
大字小谷湯ノ平 89
営業時間：9 時～ 18 時
定休日：不定休
入浴料：400 円

福島県大沼郡 八町温泉

亀の湯

雄大な自然が残る只見川流域には、古くから共同浴場が多く点在し、秘境感と郷愁感のある旅を楽しめる。ここ『亀の湯』は、外観こそ新装されたものの、昔ながらの姿を味わえる貴重な存在だ。男女別の脱衣所の目の前に、混浴の湯船がひとつあるだけのシンプルな浴室で、昔話の世界に紛れ込んだような奥会津の雰囲気をじっくりと味わいたい。

八町温泉 亀の湯

福島県大沼郡金山町八町居平 619
営業時間：24 時間　定休日：無休
入浴料：協力金 200 円以上

新潟県阿賀野市 出湯温泉

華報寺共同浴場

『華報寺共同浴場』は、阿賀野市の山間部、静謐な雰囲気の出湯温泉の一番奥にある共同浴場。新潟県内でも最も古くからあるという温泉で、開湯から 1200 年の歴史がある。美しいタイル張りの浴室には、38 度という長湯には最適な極上の源泉が惜しみなくかけ流されている。透明な湯はぬるつるで上品な感触。心の垢もきれいに流されるありがたい温泉だ。

出湯温泉 華報寺共同浴場
新潟県阿賀野市出湯 794
営業時間：6 時～ 19 時　定休日：無休
入浴料：200 円

激渋な温泉施設で
強烈な石油臭の湯を味わう

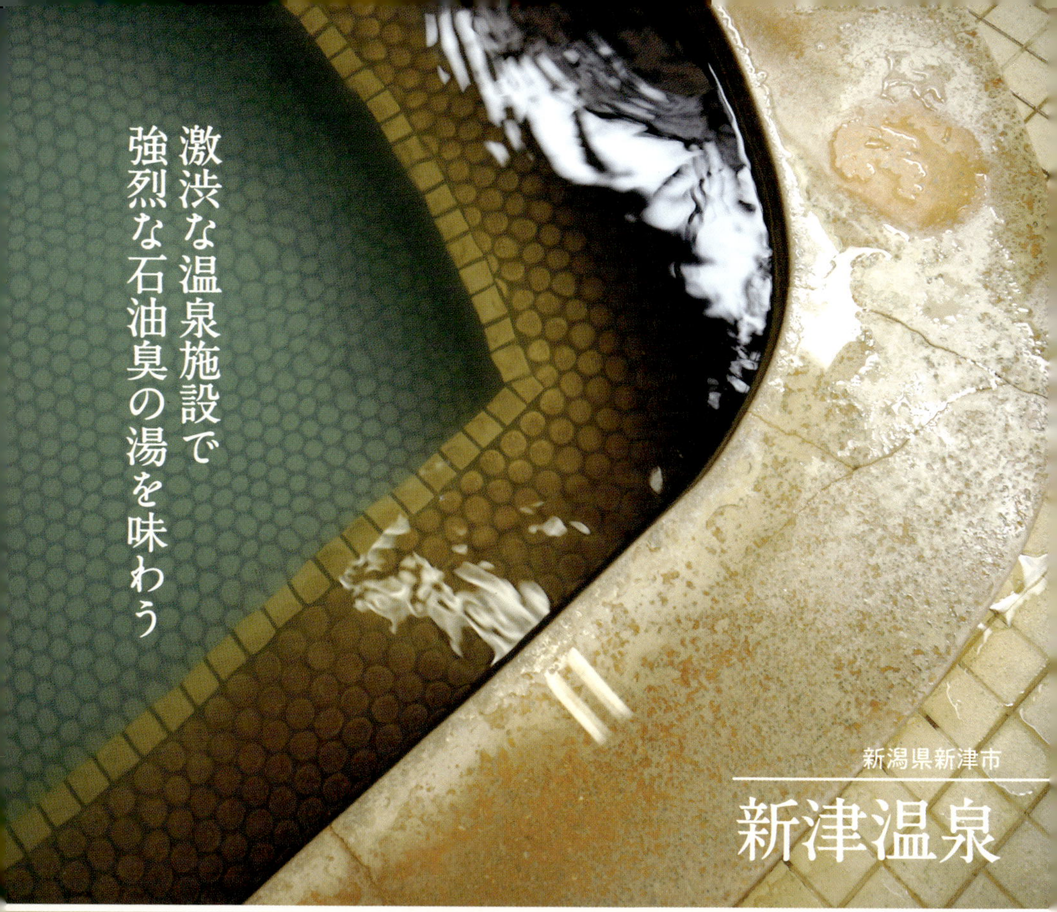

新潟県新津市

新津温泉

かつて産油量日本一だったこの地域で、昭和29年に出たという温泉。古びた民家のような施設内は、昭和の激渋な雰囲気が色濃く漂う。鄙びた休憩室では、昼間から酒盛りをする常連も。殺風景な感じが魅力の脱衣所から小さめの浴室に入ると、車酔いしそうなほど強烈な石油の匂いに驚く。ぬるつる感の強い湯は、意外にさっぱりしていた。

新津温泉
新潟県新津市本町 4-17-13
営業時間：8 時～ 19 時（18 時最終受付）
定休日：無休　入浴料：400 円

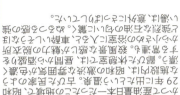

新潟県長岡市 長岡温泉

湯元館

往年の温泉旅館の懐かしさ
浴室は見事なタイル張りの芸術品

昭和初期から続く湯治宿の『湯元館』。味の出てきた電光看板が迎えてくれる本館に入ると、緑色のカーペットが敷かれたロビーが広がる。この往年の温泉旅館の雰囲気が懐かしい。期待を裏切らない浴室は、天井まで隙間なくタイルが張られた見事な芸術品。その渋い色合いに見とれながら、ぬるつるの湯に浸かれば、もう何も言うことはない。完璧な満足感だ。

長岡温泉 湯元館

新潟県長岡市高畑町 42
営業時間：14 時～ 21 時（20 時最終受付）
定休日：不定休　入浴料：400 円
宿泊料：素泊 6500 円、2 食付 1 万 950 円～

新潟県長岡市 三島谷温泉

永久荘

紅茶色の湯が身体を優しく包む
静かな山あいの温泉

国道8号沿いに立つB級感満点の看板につられて、県道へと曲がり山間部を少し走ると、期待通りの昭和風情の宿が見えてきた。それが、静かな山あいで昭和35年から営業を続ける『永久荘』だ。敷地内全体からにじみ出る、何とも懐かしい味わいが堪らない。長年大切に手入れされてきたことが伝わる館内。陽に灼けたカーペットすら、昭和の思い出の小道具のように、宿の雰囲気を演出している。浴室は優しい色合いのタイル仕上げで、男女の境のガラスブロックも懐かしい。紅茶のような色の温泉は、最高級のぬるつる感で身体を優しく包んでくれる。自然と調和した庭の眺めもいい。全国を巡ってもなかなか見つからない貴重な存在であり、永久に在り続けてほしい宿である。

館内は年相応に古びていて、どこを切り撮っても絵になり、その落ち着いた雰囲気には丁寧なおもてなしの心を感じる。タイルの色使いやガラスブロックの透明感など、視覚的にも趣味のよいデザインがちりばめられ、それが数十年の時を経ていよいよ魅力的に熟成してきている。人里離れた山間の静けさも、心を純粋にしてくれる。

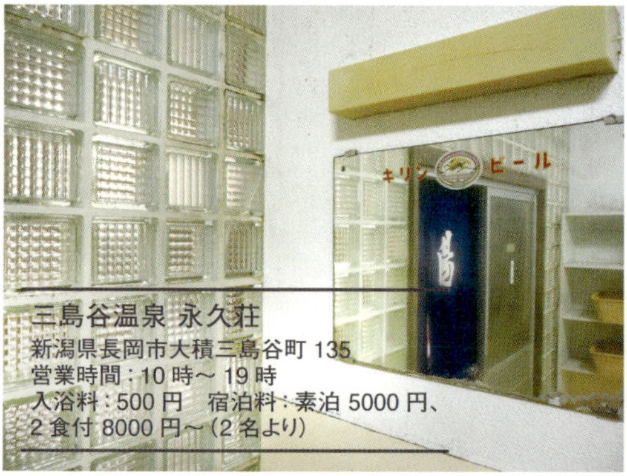

三島谷温泉 永久荘

新潟県長岡市大積三島谷町 135
営業時間：10 時～ 19 時
入浴料：500 円　宿泊料：素泊 5000 円、
2 食付 8000 円～（2 名より）

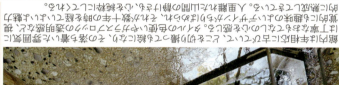

群馬県富岡市

大島鉱泉

素朴な鉱泉宿の公衆浴場
開湯 100 年以上の鉱泉で温まる

大島鉱泉 —— なんて名称からしてすでに渋い感じで、行ってみたら期待以上に侘寂な鉱泉宿だった。群馬県の公衆浴場では唯一の鉱泉で、周辺は自然に囲まれ静かで落ち着いた雰囲気。開湯 100 年以上と歴史は長く、透明の源泉は大きなかまどで太い薪を豪快に燃やして温められている。現代にほかではなかなか味わえない、素朴な鉱泉宿の風情がとても貴重だ。

大島鉱泉
群馬県富岡市大島 148
営業時間：13 時～ 19 時　入浴料：400 円

長野県上高井郡 山田温泉

大湯

風情ある木の共同浴場 すのこ状の床板に 豊富にかけ流される湯が美しい

松川渓谷沿いに湧く山田温泉『大湯』。開湯 200 年の歴史があり、一部リニューアルされているものの、浴舎内は全て木造で風情ある共同浴場だ。すのこ状に敷かれた床板の上を豊富にかけ流される湯が美しい。シャワーやカランはなく、止水栓の付いた木製の樋からお湯が出るのもユニークだ。熱めのぴりっとした湯に、目も覚めるような感覚だ。

山田温泉 大湯
長野県上高井郡高山村
大字奥山田 3580
営業時間：6 時～ 21 時
定休日：第 3 水曜日
入浴料：300 円

長野県千曲市 戸倉上山田温泉

戸倉国民温泉

〝町中の秘湯〟とも呼ばれる『戸倉国民温泉』。一見鄙びた銭湯のような雰囲気だが、その奥には統制された美学と強いこだわりが隠された、全国でも唯一の洗練された温泉だ。お湯はもちろん最高だが、施設全体のデザインと、清潔感が高い次元で調和した見事な空間となっている。

浴室の無骨な金属製のシャワーの造形美をライトアップするのは、現代の製品であるLEDだ。温泉成分により壊れやすい蛍光灯に替わって、数年前に設置されたそうだ。これが、浴室内の雰囲気を壊さずに間接照明のような高級感を醸し出し、さらに国民温泉独特の個性を高める結果になっている。こんな素晴らしい温泉に、300円でいつでも入れる近所の人が、本当にうらやましい限りだ。

透明な湯が溢れ出る——美しいタイル張りの広い湯船

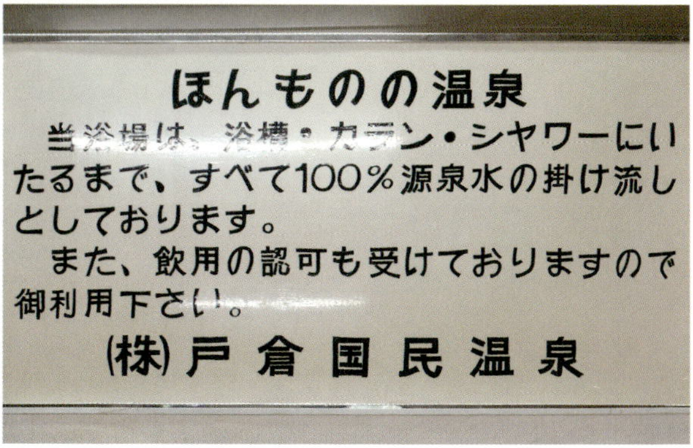
ほんものの温泉
当浴場は、浴槽・カラン・シャワーにいたるまで、すべて100％源泉水の掛け流しとしております。
また、飲用の認可も受けておりますので御利用下さい。
(株)戸倉国民温泉

やわらかくぬるつる感抜群の透明の湯が、美しいタイル張りの湯船から豊富にかけ流されている。浴槽だけでなく、シャワーやカランにも全て新鮮な温泉が使われているという、100%源泉水かけ流しの放流式温泉である。昭和レトロな外観は年月が磨き上げた本物の味わいがあり、ほのぼのした字体で書かれた「国民温泉」の看板も可愛らしい。

戸倉上山田温泉 戸倉国民温泉

長野県千曲市大字戸倉字芝宮 2228-2
営業時間：8 時 45 分～ 21 時 45 分
定休日：第 1 火曜日のことが多い
入浴料：300 円

長野県諏訪郡 下諏訪温泉

菅野温泉

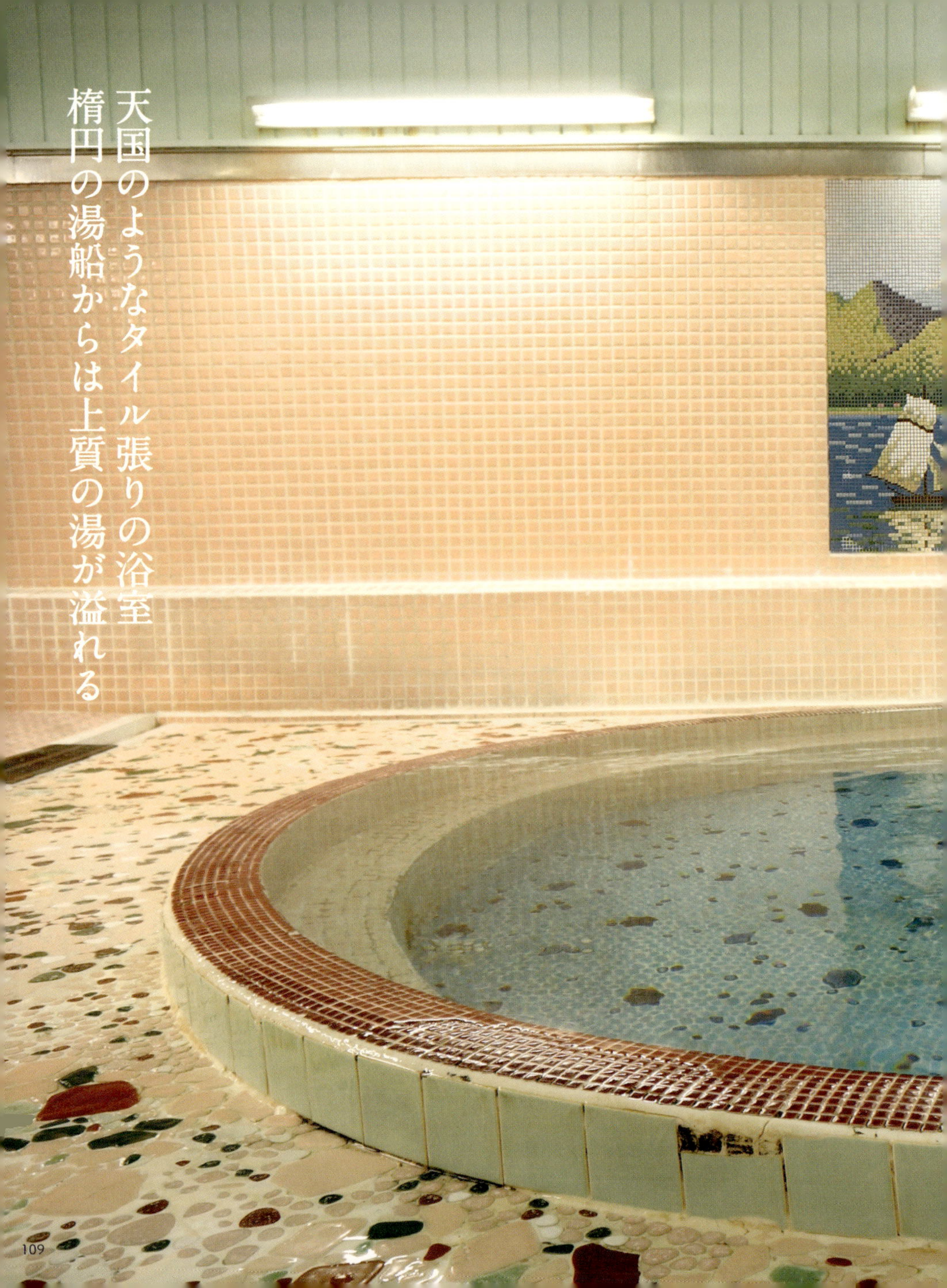

天国のようなタイル張りの浴室
楕円の湯船からは上質の湯が溢れる

開湯から 140 年以上の間、地元の共同湯として愛されてきた『菅野温泉』。番台や脱衣所も情緒のある雰囲気で、浴室に入るとタイル張りの美しい楕円形の湯船から、上質の湯が溢れている。特に女湯は床面のタイルも昔のままで、ピンクとブルーの柔らかいコントラストは天国のように美しい。昭和のアーケードを思い出させる温泉への通路と電飾看板も旅情を誘う。

下諏訪温泉 菅野温泉

長野県諏訪郡下諏訪町大社通 3239-1
営業時間：5 時半～ 21 時半頃
定休日：無休　入浴料：230 円

長野県諏訪市 上諏訪温泉

大和温泉

上諏訪温泉 大和温泉
長野県諏訪市小和田 17-5
営業時間：7 時～ 21 時過ぎ最終受付
定休日：第 2・4 水曜日
入浴料：300 円

上諏訪の住宅地に溶け込む隠れ家のような共同湯。入口には昭和の字体で「大和温泉」と描かれた小さな看板があり、細く薄暗い通路が独特の雰囲気だ。さわやかなグリーンを基調とした浴室に、珍しいステンレス製の長細い湯船は清潔感があり、とろみ感のある熱めの湯がかけ流されている。ちょっとだけ日常から脱出できるようなよい空間だ。

山梨県大月市

湯立人鉱泉

どう見てものどかな田舎の民家にしか見えない、大月市の山あいにある鄙びた『湯立人鉱泉』。玄関先にかかっている「営業中」の小さい札だけが目印だ。休憩所からは里山の風景が見渡せ、縁側に吹く風もすがすがしい。木造の浴室にある可愛らしいタイルの浴槽には、疲れがよく取れる湯が満たされ、近隣の日帰り温泉施設では味わえない旅情があった。

湯立人鉱泉

山梨県大月市七保町下和田 647
営業時間：12 時～ 17 時
定休日：月～金曜日（土日のみ営業）
入浴料：1000 円

コラム

温泉成分が創る芸術

温泉に含まれるナトリウム、カルシウム、鉄など、名泉と呼ばれる湯は成分も濃い場合が多い。それらの析出物が堆積し、床が棚田のように成長したり、湯口が雪が積もるように覆われたり――まさに、「自然の力」と「時間の蓄積」の競作だ。

1

3

2

7

6

4

5

1.7. 知内温泉 ユートピア和楽園 (p36) ／ 2. 幌加温泉 湯元鹿の谷 (p18) ／ 3. 濁川温泉 新栄館 (p30) ／ 4. 蟠渓温泉 伊藤温泉旅館 ひかり温泉 (p26) ／ 5. 会津東山温泉 東山ハイマートホテル (p82) ／ 6. 湯ノ岱温泉 国民温泉保養センター (p34)

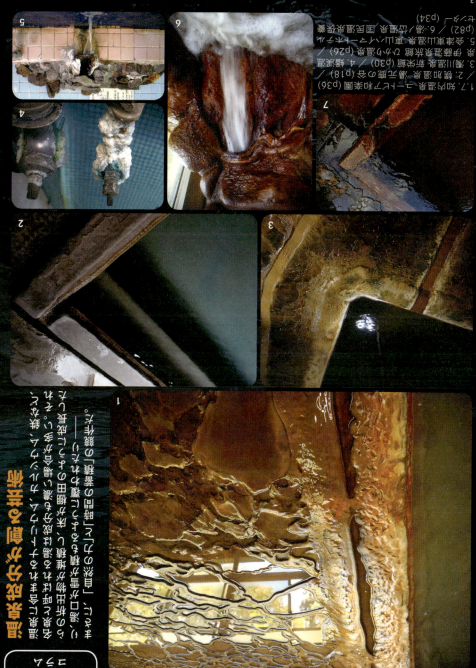

千葉県君津市 亀山温泉

亀山温泉ホテル

湖畔に立つ観光ホテル 大きなお風呂には開放的な窓——これぞ昭和のスタンダード

房総半島の自然豊かな亀山湖のほとりに立つ『亀山温泉ホテル』は、最近では珍しくなった昭和のスタンダードといった外観。昭和 50 年開業と、ちょうど今がレトロの旬である館内には、本物の昭和の香りが息づいている。大きな窓が開放的なお風呂は、コーヒーのような濃い茶色の源泉かけ流し。肌がすべすべになる、ぬるつるの名湯だ。

亀山温泉 亀山温泉ホテル

千葉県君津市豊田 65
営業時間：11 時半～ 18 時　入浴料：1000 円
宿泊料：素泊 7460 円～、2 食付 1 万1880 円～（2 名より）

千葉県館山市

正木温泉

南房総には高い山がなく、風景はなだらかでやわらかい。時間の流れもゆるく感じられる館山市郊外の静かな農村で、30年ほど前から営業を続ける『正木温泉』は、手造り感溢れる唯一無二の秘湯だ。渋い味のある看板を目印に、どう見ても温泉施設には見えない農家へ入っていくと、のどかな庭先で話し好きなおじいちゃんとおばあちゃんが楽しげに迎えてくれた。

田舎に帰ってきたような懐かしい安堵感に包まれ、カオス感満点の建物の中に案内される。浴室は、モノクロのタイルと竹の壁、古風な丸窓が幻想的な雰囲気で、とろっとしたぬるつるの黒湯は、ほのかに出汁のような香り。居間のテレビから大音量で聞こえてくる時代劇が、和風の浴室の雰囲気とやけにシンクロしていた。

入浴代
1回 600円
1時間ぐらいまで
半日 800円
1日 1000円
ですし
御客様へ
留守の時はこの中
に代金を入れて下
さい

モノクロのタイル、竹の壁に丸窓――幻想的な雰囲気漂う唯一無二の秘湯

84歳の今も元気なおじいちゃん。50年前に農薬中毒になり、薬も効かなかったが、昔から地域で飲まれていた茶褐色の鉱泉を飲んだら、1ヶ月で治ったという。その後も耳鳴りなどを温泉に治してもらった。そんな奇跡の湯を広めようと、手造りの温泉施設を始めたそうだ。天然のB級オーラを強く発し、まるで異次元への入口のような浴室は、おじいちゃんの芸術作品だ。

正木温泉

千葉県館山市正木 3027
営業時間：8、9時頃～人がいる限り
入浴料：600円

※『正木温泉』は閉館しました。

神奈川県足柄下郡 **箱根湯本温泉**

弥坂湯

温泉街にある昔ながらの共同浴場
硫黄の匂いがふわりと漂う

日本有数の温泉地である箱根湯本で、昭和 24 年に開業した『弥坂湯』。豪勢なホテルや旅館の多い温泉街で、地元の人たちに長年愛されてきた。旧東海道に面した昔ながらの共同浴場で、木造の番台が懐かしい。浴室には、タイル張りの美しい湯船が真ん中にあり、やわらかく透明なお湯を湛えている。どんなに高級でも、この鄙びた味わいには敵わない。

箱根湯本温泉 弥坂湯

神奈川県足柄下郡箱根町湯本 577
営業時間：9 時～ 21 時　定休日：木曜日
入浴料：650 円（女性洗髪料別途 100 円）

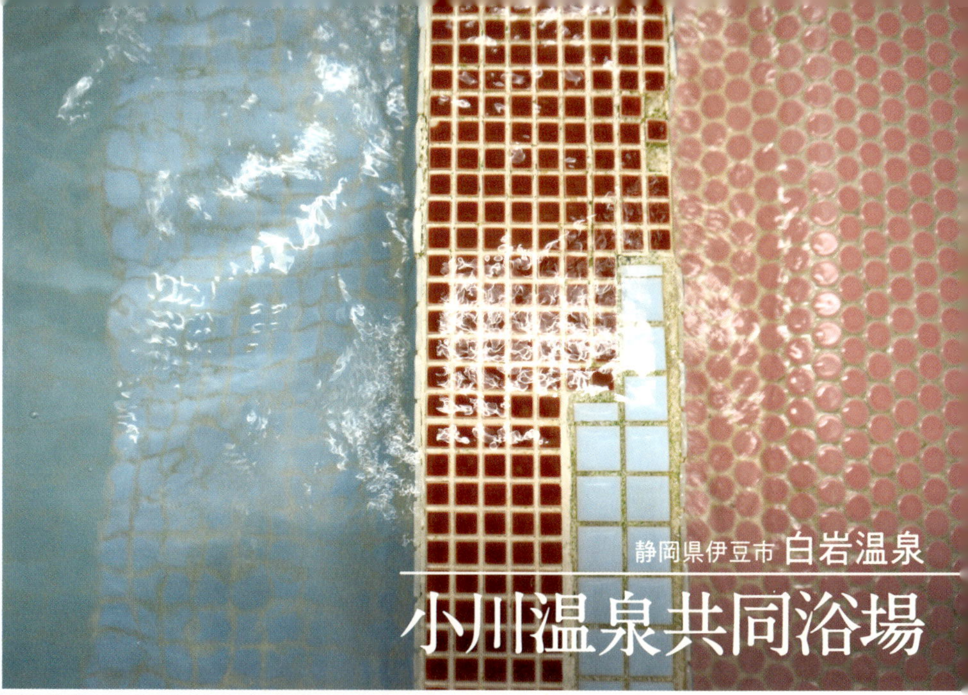

静岡県伊豆市 白岩温泉

小川温泉共同浴場

伊豆半島は有名な温泉地が多いが、観光地化されていない山間部にも隠れた名湯がある。全国的に古い共同湯などのリニューアル化が進み、昭和の佇まいが急激に喪失する中、『小川温泉共同浴場』は鄙びた情緒を味わえる貴重な存在だ。熱めで力強い湯は、浴槽内にある湯口からこんこんと湧き、かけ流される。つぎはぎだらけのタイルも愛らしい。

白岩温泉 小川温泉共同浴場

静岡県伊豆市上白岩 1268-2
営業時間：14 時半～ 20 時半
定休日：木曜日　入浴料：200 円

静岡県伊豆市 湯ヶ島温泉

河鹿の湯

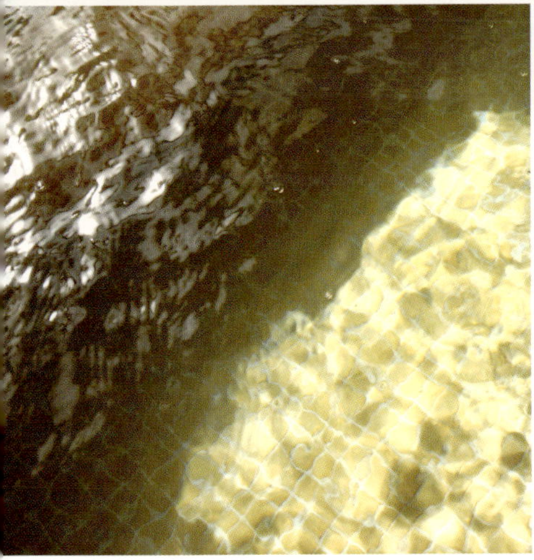

多くの文人たちに愛された伊豆の隠れ里・湯ヶ島温泉。初夏にはカジカガエルの美しい声が響く狩野川沿いに、クリアな湯が自慢の共同浴場『河鹿の湯』がある。湯船を彩る明るい色のタイルは古いものではないが、清潔感があり美しい。カエルの湯口からは新鮮な源泉が潤沢に溢れだし、湯の回転も速そうだ。熱めの湯に浸かり、さっぱりとした湯上がりは爽快だ。

湯ヶ島温泉 河鹿の湯

静岡県伊豆市湯ヶ島 1650-3
営業時間：13 時～ 22 時　定休日：無休
入浴料：300 円

静岡県賀茂郡 峰温泉

花舞 竹の庄

桜で有名な河津町の峰温泉に、昭和7年に創業した風格ある温泉旅館『花舞 竹の庄』。その歴史的価値のある建物は、大正から昭和初期の風情を忠実に残しており、大変貴重なものだ。

木造の重厚な建物には、1階と2階にそれぞれ趣の異なる浴室がある。1階には伊豆石風呂とヒスイ露天風呂、2階には「大正檜風呂」と名付けられた檜の湯船の大浴場がある。

「大正檜風呂」は、大正レトロ感溢れるモザイクタイルや、組子細工の窓が繊細な空間美を醸し出す。この素晴らしい浴室が、木造の2階にあるのも驚きだ。

檜の湯船には熱めの芒硝泉が静かにみなぎり、大きな窓も開放感がある。びりっとくる浴感の湯に浸かっていると、悠久の時の重みが沁みてくる

惚れ惚れするレトロ感
浴槽の深いブルーのタイルが美しい

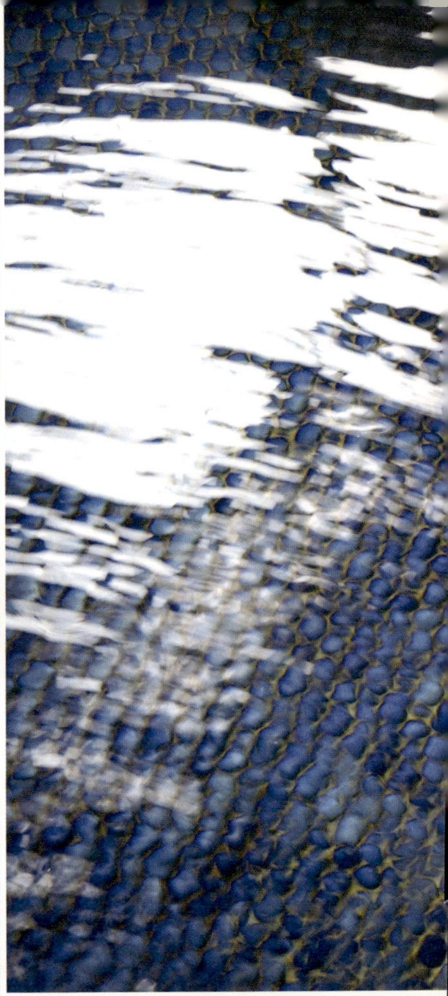

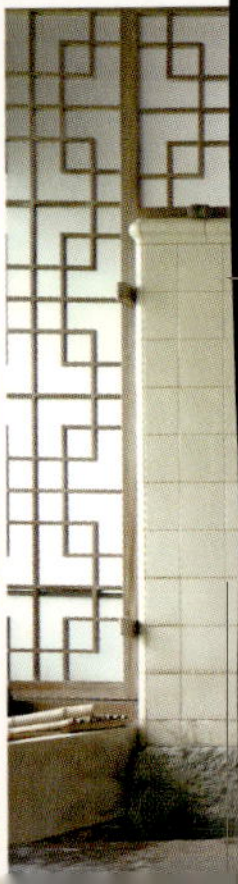

1階の浴室は、2階とはまた違った魅力ある雰囲気で、深いブルーのタイルが美しい昭和レトロな空間。宿泊客は家族入浴中ランプを点ければ貸し切りにもできる。全館どこを見ても惚れ惚れするようなレトロ感のある『花舞 竹の庄』。もともとは高級旅館として営業してきたが、現在は素泊まりのみとなっており、豪勢な部屋に手頃な料金で宿泊することができる。

峰温泉 花舞 竹の庄

静岡県賀茂郡河津町峰 487-2
営業時間：15 時～ 20 時頃
入浴料:1000 円(1 時間)　宿泊料:6610 円～（素泊）

魚谷祐介
うおたに・ゆうすけ

写真家。文筆家。音楽家。多岐に渡り活動するマルチクリエイター。「風情」と「味わい」を求めて日本全国を巡り、取材、記録している“旅人”でもある。著書に『日本懐かし自販機大全』『昭和懐かし自販機巡礼』『侘寂温泉 西日本編』（辰巳出版）がある。
http://jihanki.michikusa.jp（公式サイト）
https://www.youtube.com/user/onsenjazz (youtube チャンネル)

取材・撮影・執筆　魚谷祐介
構成・編集　近江康生　近江聖香（Plan Link）
デザイン　近江聖香（Plan Link）
制作協力　曽利美衣
企画・進行　廣瀬祐志　小泉宏美

本書でご紹介した施設に関する情報は、全て取材時のものです。料金には、別途消費税、入湯税がかかる場合もあります。また、営業時間、入浴料、宿泊料等に変更が生じる可能性がある事をご了承下さい。

侘寂温泉（わびさびおんせん） 東日本編

2018年12月10日　初版第1刷発行
2021年10月1日　初版第2刷発行

著　者　魚谷祐介
編集人　廣瀬祐志
発行人　廣瀬和二
発行所　辰巳出版株式会社
〒160-0022 東京都新宿区新宿2丁目15番14号 辰巳ビル
TEL 03-5360-8961（編集部）
03-5360-8064（販売部）
URL http://www.TG-NET.co.jp/

印刷・製本所　凸版印刷株式会社

本書の内容に関するお問い合わせは、
FAX(03-5360-8073)、メール(info@TG-NET.co.jp)にて承ります。
恐れ入りますが、お電話でのご連絡はご遠慮下さい。

定価はカバーに表示してあります。

万一にも落丁、乱丁のある場合は、送料小社負担にてお取り替え致します。
小社販売部までご連絡下さい。

Printed in Japan
ISBN 978-4-7778-2231-7